优化房地产中介的4大提升项

职业道德

化中介机构
业道德和服务意识，
转利润至上的理念

法律法规

建立中介服务
完整的法律法规体系，
对行业实施精细化管理

监管力量

加强监管力度
规范中介机构行为，
发挥房地产中介良性
发展清理器的作用

专业人才

培育融会贯通房地产业务及法律，
兼具获取与分析能力的专业人才

郭韧◎编著

房地产中介法律工具箱

房地产中介日常业务用文书

专业解析地产中介法律问题
轻松应对中介运营交易困局

中国财富出版社

图书在版编目（CIP）数据

房地产中介日常业务用文书／郭韧编著. —北京：中国财富出版社，2013.6
（房地产中介法律工具箱）
ISBN 978－7－5047－4657－3

Ⅰ.①房…　Ⅱ.①郭…　Ⅲ.①房地产－公文－写作　Ⅳ.①H152.3

中国版本图书馆 CIP 数据核字（2013）第 075550 号

策划编辑　黄　华　　**责任印制**　方朋远
责任编辑　丰　虹　　**责任校对**　饶莉莉

出版发行　中国财富出版社（原中国物资出版社）
社　　址　北京市丰台区南四环西路 188 号 5 区 20 楼　**邮政编码**　100070
电　　话　010－52227568（发行部）　010－52227588 转 307（总编室）
　　　　　010－68589540（读者服务部）　010－52227588 转 305（质检部）
网　　址　http：//www. cfpress. com. cn
经　　销　新华书店
印　　刷　北京京都六环印刷厂
书　　号　ISBN 978－7－5047－4657－3/H・0113
开　　本　710mm×1000mm　1/16　　**版　　次**　2013 年 6 月第 1 版
印　　张　14.5　　**印　　次**　2013 年 6 月第 1 次印刷
字　　数　280 千字　　**定　　价**　48.00 元

编委会

解读法律规定，分析房地产中介业务文书的特性

房地产中介日常业务合同，

是人们进行房地产法律行为的重要形式。

为了规范、指导各类房地产法律行为，

国家有关机关制定、颁布了相关合同示范文本。

在制定、拟订合同的过程中充分研究了法律的各项规定，

所以具有很强的**针对性、指导性、实用性和可操作性。**

从细节入手，维护房地产中介权利的“柔性”措施

中介依法设立“合理或必要费用”的条款

中介摈弃霸气的违约金条款

中介讲究维权手段和方式

房产中介秉承诚实信用原则

随着房地产中介市场繁荣，由此产生的合同纠纷也在增多。

随着行业竞争加剧，不和谐因素也在增加。

中介行业使用违反公平诚信原则的“霸王条款”进行司法维权引发很大争议。

在房产中介服务活动中，委托人及房地产中介应秉承诚实信用原则，

维权手段及方式应合法适当。

中介方应摈弃所谓违约金条款，

可在委托合同中依法设立要求委托人支付“合理或必要费用”的违约责任条款，

以约束委托人行为，达到依法维权目的。

法制化弥补房地产中介管理缺陷

房地产中介从法律角度解释是一种民事法律关系。这种民事法律关系中各个主体的联系主要是通过与房地产中介有关的合同。在房地产中介活动中常见的合同有委托代理合同、居间合同、行纪合同等。作为房地产中介机构以及房屋产权人（使用人）、购房者等合同主体，其签订合同最基本的目的是在交易过程中尽可能地避免风险，实现交易，获得预期利益。

由于交易环节多、涉及法律范围广，房屋买卖具有很强的专业性和复杂性，需要相对专业的中介公司进行操作。同时，由于买卖双方的信息不对称，房屋买卖双方互相寻找对方的过程，通常是通过中介公司来完成的，因此委托中介公司获取信息并具体操作已获得普遍的社会认同。消费者对房产中介存有一定程度的依赖心理，而中介公司的服务也为买卖双方省去了很多办理手续所需要花费的时间。可见，中介公司是二手房买卖市场中一个非常重要的角色。

多数中介公司都冠以房地产“咨询”“经纪”公司的名号，而经营范围则“包罗万象”。这往往使得中介公司的权力意识无限放大，而对自身责任的认识则被弱化。尤其是法律以及高级别的法规还相当匮乏，而且规定过于笼统，缺乏可操作性。有许多方面的法律关系的调整还难以涵盖，以上情况造成社会上对房地产中介的评价过低。

随着房地产市场的日趋活跃，房地产中介在流通领域的重要性将进一步凸显出来。因此房地产中介的规范化，既是房地产市场对其提出的客观要求，也是中介行业自身发展的需要。

在美国，中介服务业十分发达，有着较为完备的房地产中介服务体系。自1917年起就相继颁布了《州执照法》《一般代理法规》《契约法规》《专业理论法则》，其中房地产《州执照法》最严，作用最大。美国的房地产执照法规定了经纪人取得执照的条件、资格、标准等，并由州房地产委员会作为执行该法的机构核发、拒发、扣留、吊销，出现纠纷视情节可进行诉讼。这些法规是美国房地产中介行业长期健康发展的基础，是规范中介行为、保护各方权益的保证。

西方国家之所以有较为发达的中介行业，就是因为法制比较健全。可见法制规范化管理对于房地产中介有着很大的影响。因此要加速发展我国的房地产中介行业，关键是如何规范房地产中介行业，提高中介行业的信誉和质量。加强和完善立法，建立规范化管理是基本的前提。

编　者

2013年1月

CONTENTS 目录

CHAPTER ONE 第一章 为委托人提供第三方专业化服务——居间合同

管理智慧

002 / 一、扫描居间合同全貌——居间合同概念

003 / 二、如何改进房地产居间合同混乱现状

地产中介百宝箱

005 / 一、房地产居间合同（出售）

016 / 二、房地产居间买卖合同

020 / 三、房地产居间合同委托书

033 / 四、合同内容变更书

035 / 五、房地产买卖定金协议

CHAPTER TWO 第二章 中介机构维护利益的工具——带看文书

管理智慧

044 / 一、带看工作准备事项

045 / 二、带看过程中注意事项

地产中介百宝箱

046 / 一、二手房带看书

048 / 二、分销代理专用带看书

CHAPTER THREE 第三章 为中介服务埋单——确认佣金文书

管理智慧

052/ 一、收取佣金的三种方式

054 / 二、制定中介佣金制度适用三大原则

地产中介百宝箱

057 / 一、佣金确认书

058 / 二、折佣书

059 / 三、收佣收据

CHAPTER FOUR 第四章 保障买卖双方履行权责——买卖文书

管理智慧

064 / 一、解读中介买卖合同中的误区
068 / 二、房屋买卖合同效力认定的法律根据

地产中介百宝箱

069 / 一、上海市房地产买卖合同
088 / 二、房地产买卖协议
094 / 三、房地产买卖定金合同
096 / 四、房地产买卖收据一
098 / 五、房地产买卖补充条款及付款协议
115 / 六、房屋买卖确认书
116 / 七、定金保管书
117 / 八、房地产买卖交接书

CHAPTER FIVE 第五章 不转移占有的方式取得债务担保——抵押文书

管理智慧

131 / 一、 房地产抵押存在的六种风险
135 / 二、抵押贷款存在六大问题

地产中介百宝箱

139 / 一、房地产借款合同
142 / 二、房地产抵押合同
146/ 三、房地产借款合同担保文书

CHAPTER SIX 第六章 转移租赁物取得收益权——租赁文书

管理智慧

152 / 一、房屋租赁常见六大纠纷
154 / 二、引发房屋租赁纠纷的原因
156 / 三、常见问题的法学分析

地产中介百宝箱

159 / 一、房屋租赁合同
180 / 二、房屋转租合同
184 / 三、放弃优先购买权承诺书
185 / 四、房地产租赁交接书

CHAPTER SEVEN 第七章 中介管理缺乏统一规范——涉及纠纷文书

管理智慧

188 / 一、房地产中介三大典型纠纷
190 / 二、探究房产中介纠纷频繁的三大原因
191 / 三、解决房地产中介纠纷过频建立两大措施

地产中介百宝箱

193 / 一、签约催告函
194 / 二、签约通知函
195 / 三、催款函
197 / 四、房屋买卖合同解约协议
198 / 五、追讨佣金起诉状

CHAPTER EIGHT

第八章 获取质优价廉房源渠道——代理及分销文书

管理智慧

202 / 一、房地产中介提升新房销售注入新动力

203 / 二、借鉴中国香港模式，提早预防中介代理销售弊端

地产中介百宝箱

204 / 一、房地产中介代理销售公司

207 / 二、房地产分销合作协议

209 / 三、商品房包销协议

214 / 四、项目策划咨询服务合同

第一章

为委托人提供第三方专业化服务——

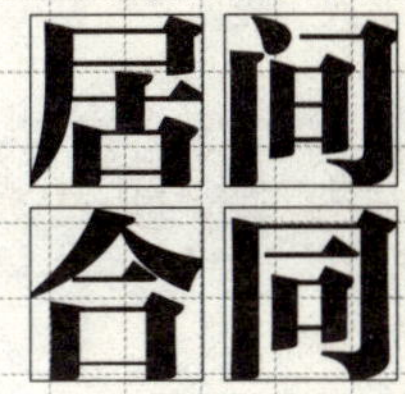

居间合同

房地产经纪人的居间活动能较快地促进房地产交易的达成，加快房地产的流通速度，有利于房地产资源的分配和利用。

概念·现状·改进

近年来，随着房地产交易量的迅猛上升，房地产居间业务也成为涉及普通百姓生活的一件大事。在房地产居间业务中存在各种关系，为预防纠纷的发生，需要明确权利义务，保护委托人的合法权益。现有法规及规章的广度、深度以及对违规行为的震慑力度，尚不能满足中介市场发展的需要，使其有效地规范和发展市场行为，还需进一步对此加以完善。

一 扫描居间合同全貌——居间合同概念

广义上说，房地产中介服务包括房地产咨询、房地产价格评估、房地产经纪等活动；狭义上说，房地产中介服务多指房地产经纪，即房地产咨询、提供房地产信息及代

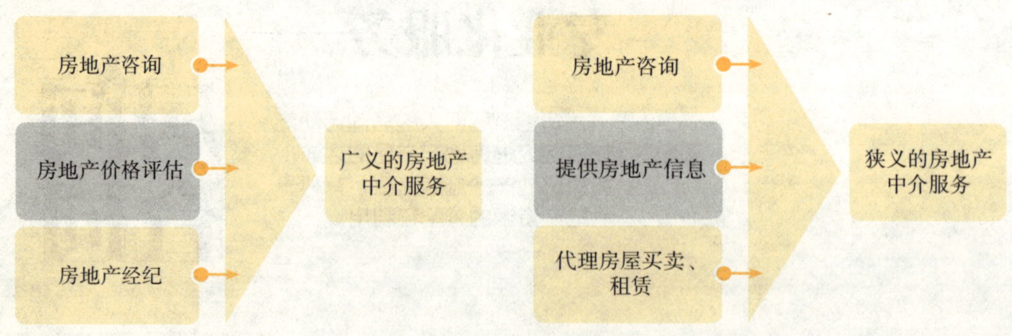

房地产中介服务的两种理解

理房屋买卖、租赁这三类活动。本书所述之房地产居间合同是以狭义说法为主。

根据《合同法》第424条规定："居间合同是居间人向委托人报告订立合同的机会或者提供订立合同的媒介服务，委托人支付报酬的合同。"在居间合同中，接受委托报告订立合同机会或者提供交易媒介的一方为居间人，给付报酬的一方为委托人。

根据上述的定义，我们就可以相应地将房地产居间合同定义为："房地产居间合同是房地产居间人为委托人在房地产转让、抵押、租赁等活动中提供订立合同的信息、咨询或提供代理或策划的服务，委托人支付报酬的合同，又称为房地产中介服务合同。"

 如何改进房地产居间合同混乱现状

随着房地产行业的不断升温，房地产中介服务机构大批涌现，由于利润空间巨大，并且进入门槛低，只要有自己的名称和组织机构、有固定的服务场所、有必要的财产和经费、有足够数量的专业人员，以及符合法律和行政法规规定的其他条件就可以从事房地产中介行业，从而使得大量的人员进入这一领域。由于从业者良莠不齐，一些从业人员为追求短期利润，不惜抛开道德诚信，加之法制不健全，从而导致相当多的纠纷。

1 严格立法规定委托人的诚信义务，监管信息源头

委托人为了达到自己的利益而隐瞒房屋重要事实的情况不在少数，从源头破坏了交易的公平性。《合同法》第425条规定了居间人应当就订立合同的重要事项向委托人如实报告，却没有规定委托人也应该向居间人如实告知相关物业情况。根据《合同法》要求居间人如实报告的前提必须是居间人对与订立合同有关事项的彻底了解和知悉。

2 建立并执行信息披露制度，维护中介秩序

房地产中介披露的信息是否准确、完整、有无欺诈意图，决定了经纪人的社会信誉度。在房产交易过程中，因为信息不对称，所以更要以立法的形式保护买方这一弱势群体。例如在美国，法律规定交易房屋所在社区3年内有性犯罪的、近期内社区死人的（特别是枪击致死的）、邻里有干扰情况的（如噪声及不良习惯），诸如此类的信息在出售房屋时业主必须向买方披露，否则房屋出售后由此而引起的后果，房屋出售者应负责任。这一制度使得并不熟知房地产法律的房屋所有者不敢自己到市场上出售自己的房屋，而是委托给房地产专业人士——房地产经纪人。明文规定具有可操作的法律条文对维护中介行业的秩序很有必要。

地产中介百宝箱

一 房地产居间合同（出售）

1 房地产居间合同一[①]

房地产居间合同

合同编号：

甲方：　　　　　　　　　　　　乙方：

证号：

① 本合同适用于卖方出售时使用的版本——编者注，下同。

甲乙双方协商一致就甲方委托乙方居间出售下述房地产事宜达成以下共识并保证依约履行。

第一条 房地产情况

房屋地址	
房地产产权证号	
代理人性质	○法定代表人/○产权人/○授权委托人/○债权人/○其他权利人
房屋状况	所有权______建筑面积______类型_____结构____楼层____竣工日期_____
使用类别	○住宅○商铺○办公房○工业厂房○其他
抵押状况	○有 权利人______________ ○无
查封状况	○有 查封人______________ ○无
租赁情况	○有 租赁到期日___________ ○无
其他情况	

第二条 甲方出售该房屋条件（下述条款可选择适用）

1. 甲方愿以人民币/美元 ________的总价出售该房屋，成交后甲方另行负担服务报酬和各项交易税费。

2. 甲方收取房款选择下列________条款：

（1）签订房地产买卖合同时，收取总房款的__%；

（2）房地产交易中心受理产权转移申请或办理预售合同变更登记之日收取总房款的______%；

（3）交付房屋时收取总房款的________%；

（4）买方取得房地产产权证时收取总房款的_____%；

（5）银行发放贷款时收取总房款的_______%。

3. 下述设备设施甲方愿转给买方，转让价已包含在总价中，甲方对下述设备设施不再另行收费____。

法定交屋条件：建设工程经验收合格；向购房人提供住宅质量保证书和住宅使用说明书。

第三条 委托期限：自_____年____月____日至____年____月____日止

第四条 甲方的义务

1. 甲方保证对该委托之房屋有出售之权利并能依约交屋，如有任何权属纠纷或权限不实，由甲方自行解决，如因此损害了买方或中介方的利益，则甲方应赔偿买方相应的损失，同时支付中介方该委托总价的1%作为赔偿。本条款独立于本合同，即使本合同无效，本条款仍适用于甲乙双方。

2. 甲方须配合乙方带领客户看房。

3. 对于买方须办理购房贷款的，甲方应予以配合。

4. 如该房屋买卖成交，甲方须自行支付相关的交易税费。

5. 如该房屋买卖成交，甲方须于签订买卖合同同时一次性支付乙方买卖成交的总价格的1%作为服务报酬。

6. 一旦乙方寻找到符合甲方要求的买方，甲方应依乙方通知后3天内前往乙方指定地点签订房地产买卖合同，并应依乙方通知后5个工作日内前往交易中心办理相关的产权过户手续。

第五条 乙方的义务

1. 随时依甲方之查询，向甲方报告业务处理情况。

2. 乙方须积极通过各种市场渠道寻找买方，早日完成甲方之委托。

3. 乙方接受甲方的委托中介代理业务，为了有效地履行业务所实施的市场调查、广告企划、交涉、咨询服务等活动与支出均由乙方自行负责，与甲方无关。

4. 一旦买卖成交，乙方须协助甲方办理相关抵押注销、合同公证、见证、评估、产权过户、贷款、领取产证、交房等相关交易手续，直至整个交易完成为止，但相关费用由甲方自理。

5. 乙方不得通过该房屋交易赚取差价。

第六条 甲方有下列违约行为，须支付乙方人民币________元整作为违约金

1. 委托期内，甲方自行出售或经第三人介绍出售该房屋。

2. 甲方于委托期限内或委托期限届满后六个月内与乙方所曾介绍之买方成交或利用乙方提供的信息、条件、机会而与第三方私下成交的。

3. 委托期限内，买方愿以上述委托条件购买该房屋，而甲方反悔不愿以委托条件与乙方所介绍之买方成交的。

4. 委托期限内非经双方同意甲方随意解除本合同的。

5. 其他违约情况导致本委托合同无法继续进行的。

第七条 乙方在中介过程中如发生买方支付定金后不愿再购买该房屋，交易无法进行

时，甲方须没收买方的定金，但该定金中甲方应与乙方平分，作为乙方在本次居间活动中所实际支付的相关差旅出勤费用；甲方在收取乙方介绍之客户支付之定金后又不愿再出售该房屋的，须双倍返还该定金

第八条 其他约定：____

____

____

第九条 本合同一式三份，经双方签字之日起生效

第十条 如双方就本合同约定之内容发生任何纠纷，皆选择前往房屋所在地法院诉讼解决

特别告知：尊敬的客户，为了您的权益，请配合将您所支付的每一笔款项进入交易中心资金监管账户或本公司，并索取相关盖有银行或公司店章或专用章的凭证；且当业务员要求您来签买卖合同时，请前往____________________签约，以保障您的交易安全。

甲方：	乙方：
法定代表人：	经纪人：
代理人：	承办人：
联络地址：	联络地址：
电话：	电话：
时间：年 月 日	时间：年 月 日

2 房地产居间合同二[①]

房地产居间合同

合同编号：

甲方：　　　　　　　　　　乙方：

① 适用于买受的情况。

证号：

甲乙双方协商一致就甲方委托乙方居间购买下述房地产事宜达成以下共识并保证依约履行。

第一条 房地产情况

房屋地址	
房地产产权证号	
代理人性质	○法定代表人/○本人/○授权委托人 /○其他权利人
房屋状况	所有权______建筑面积______类型______结构______楼层______竣工日期______
使用类别	○住宅○商铺○办公房○工业厂房○其他
抵押状况	○有 权利人______ ○无
查封状况	○有 查封人______ ○无
租赁情况	○有 租赁到期日______ ○无
其他情况	

第二条 甲方购买该房屋条件（下述条款可选择适用）

1. 甲方愿以人民币/美元__________的总价购买该房屋，成交后甲方另行负担服务报酬和各项交易税费。

2. 甲方支付房款选择下列________条款：

（1）签订房地产买卖合同时，收取总房款的________%；

（2）房地产交易中心受理产权转移申请或办理预售合同变更登记之日收取总房款的________%；

（3）交付房屋时收取总房款的________%；

（4）买方取得房地产产权证时收取总房款的________%；

（5）银行发放贷款时收取总房款的________%。

3. 下述设备设施甲方希望卖方能转给甲方，转让价包含在总价中，甲方对下述设备设施不再另行付费____

____

____

____

第三条 委托期限：自_____年_____月_____日至_____年_____月_____日止

第四条 意向金支付

1. 甲方为表示购买该房屋的诚意，同意于签订本合同时支付人民币/美元_______元整，作为意向金，本意向金仅系居间人受买方所托前往卖方处斡旋及价格条件确认之凭据。

2. 如甲方支付意向金后，经乙方斡旋后卖方愿以该价格出售该房屋，则该意向金由乙方转给卖方作为甲方购买该房屋的定金。意向金一旦转为定金交付给卖方，甲方如不愿再购买该房屋，则该定金由卖方没收，如卖方收取该定金后不愿再出售该房屋，则由卖方双倍返还该定金。

3. 如甲方支付意向金后，经乙方斡旋后卖方不愿以该价格出售该房屋，则意向金由乙方于签订本合同后________个工作日内无息返还甲方。

第五条 甲方的义务

1. 如该房屋买卖成交，甲方须于签订买卖合同同时一次性支付乙方买卖成交的总价格的1%作为服务报酬。

2. 一旦经乙方斡旋后出售方愿以甲方要求的条件出售该房屋，甲方应依乙方通知后3天内前往乙方总部签约中心签订房地产买卖合同，并应依乙方通知后5个工作日内前往交易中心办理相关的产权过户手续。

第六条 乙方的义务

1. 随时依甲方之查询，向甲方报告业务处理情况。

2. 乙方接受甲方的委托中介代理业务，为了有效地履行业务所实施的市场调查、广告企划、交涉、咨询服务等活动与支出均由乙方自行负责，与甲方无关。

3. 一旦买卖成交，乙方须协助甲方办理相关抵押注销、合同公证、见证、评估、产权过户、贷款、领取产证、交房等相关交易手续，直至整个交易完成为止，但相关费用由甲方自理。

4. 乙方不得通过该房屋交易赚取差价。

第七条 甲方有下列违约行为，须支付乙方该委托总价的1%作为违约金

1. 甲方于委托期限内或委托期限届满后六个月内与乙方所曾介绍之卖方成交或利用乙方提供的信息、条件、机会而与第三方私下成交的。

2.委托期限内，卖方愿以上述委托条件出售该房屋，而甲方反悔不愿以委托条件与乙方所介绍之卖方成交的。

3.委托期限内非经双方同意甲方随意解除本合同的。

4. 其他违约情况导致本委托合同无法继续进行的。

第八条 其他约定：____

第九条 本合同一式三份，经双方签字之日起生效

第十条 如双方就本合同约定之内容发生任何纠纷，皆选择前往房屋所在地法院诉讼解决

特别告知：尊敬的客户，为了您的权益，请配合将您所支付的每一笔款项进入交易中心资金监管账户或本公司，并索取相关盖有银行或公司店章或专用章的凭证；且当业务员要求您来签买卖合同时，请前往____________签约，以保障您的交易安全。

甲方：	乙方：
法定代表人：	经纪人：
代理人：	承办人：
联络地址：	联络地址：
电话：	电话：
时间：年 月 日	时间：年 月 日

3 房地产居间合同三[①]

房地产居间合同

合同编号：

甲方： 乙方：

证号：

甲乙双方协商一致就甲方委托乙方居间出租下述房地产事宜达成以下共识并保证依约履行。

① 适用于出租时使用的版本。

第一条 房地产情况

房屋地址	
房地产产权证号	
代理人性质	○法定代表人/○产权人/○授权委托人/○债权人/○其他权利人
房屋状况	所有权____建筑面积____类型____结构____楼层____竣工日期
使用类别	○住宅○商铺○办公房○工业厂房○其他
抵押状况	○有 权利人________________ ○无
查封状况	○有 查封人________________ ○无
租赁情况	○有 租赁到期日________________ ○无
可入住日期	____年____月____日可入住
其他情况	

第二条 甲方出租该房屋条件（下述条款可选择适用）

1. 甲方愿以月租金人民币/美元________的价格出租该房屋（○包发票○不包发票○包物业管理费○不包物业管理费），成交后甲方另行负担服务报酬和税费。

2. 保证金为人民币/美元________元整或________月租金。

3. 甲方要求租金每________月支付一次。

4. 甲方给予承租方免租期为________天。

5. 甲方愿出租该房屋的租期为________月。

6. 下述设备设施甲方愿交给承租方使用，对下述设备设施使用甲方不再另行收费____。

第三条 委托期限：自_____年_____月_____日至_____年_____月_____日止

第四条 甲方的义务

1. 甲方保证对该委托之房屋有出租之权利并能依约交屋，如有任何权属纠纷或权限不实，由甲方自行解决，如因此损害了承租方或中介方的利益，则甲方应赔偿承租方相应的损失，同时支付中介方该委托月租金的___%作为赔偿。本条款独立于本合同，即使本合同无效，本条款仍适用于甲乙双方。

2. 甲方须配合乙方带领客户看房。

3. 如该房屋租赁成交，甲方须自行依法向相关房地产管理部门办理租赁登记并缴纳相关的税费。

4. 如该房屋租赁成交，甲方须于签订租赁合同同时一次性支付乙方租赁合同中约定的月租金的_____%作为服务报酬。

5. 一旦乙方寻找到符合甲方上述要求的承租方，甲方应依乙方通知后3天内前往签订房地产租赁合同。

第五条 乙方的义务

1. 随时依甲方之查询，向甲方报告业务处理情况。

2. 乙方须积极通过各种市场渠道寻找承租方，早日完成甲方之委托。

3. 乙方接受甲方的委托中介代理业务，为了有效地履行业务所实施的市场调查、广告企划、交涉、咨询服务等活动与支出均由乙方自行负责，与甲方无关。

4. 乙方不得通过该房屋租赁交易赚取差价。

第六条 甲方有下列违约行为，须支付乙方该委托月租金人民币_____%作为违约金

1. 委托期内，甲方自行出租或经第三人介绍出租该房屋。

2. 甲方于委托期限内或委托期限届满后六个月内与乙方所曾介绍之承租方成交或利用乙方提供的信息、条件、机会而与第三方私下成交的。

3. 委托期限内，承租方愿以上述委托条件承租该房屋，而甲方反悔不愿以委托条件与乙方所介绍之承租方成交的。

4. 委托期限内非经双方同意甲方随意解除本合同的。

5. 其他违约情况导致本委托合同无法继续进行的。

第七条 乙方在中介过程中如发生承租方支付定金后不愿再承租该房屋，交易无法进行时，甲方须没收承租方的定金，但该定金甲方应与乙方平分，作为乙方在本次居间活动中所实际支付的相关差旅出勤费用；甲方在收取乙方介绍之客户支付之定金后又不愿再出租该房屋的，须双倍返还该定金

第八条 其他约定：____

____

____

____

第九条 本合同一式三份，经双方签字之日起生效

第十条 如双方就本合同约定之内容发生任何纠纷，皆选择前往房屋所在地法院诉讼

解决

甲方：　　　　　　　　　　　　　　乙方：
法定代表人：　　　　　　　　　　　经纪人：
代理人：　　　　　　　　　　　　　承办人：

联络地址：　　　　　　　　　　　　联络地址：
电话：　　　　　　　　　　　　　　电话：
时间：年 月 日　　　　　　　　　　时间：年 月 日

4 房地产居间合同四①

房地产居间合同

合同编号：

甲方：　　　　　　　　　　乙方：

证号：

甲乙双方协商一致就甲方委托乙方居间租赁下述房地产事宜达成以下共识并保证依约履行。

第一条 房地产情况

房屋地址	
房地产产权证号	
代理人性质	○法定代表人/○本人/○授权委托人/○其他权利人
房屋状况	所有权____建筑面积____类型____结构____楼层____竣工日期
使用类别	○住宅○商铺○办公房○工业厂房○其他
其他情况	

第二条 甲方承租该房屋条件（下述条款可选择适用）

1. 甲方愿以月租金人民币/美元________的价格承租该房屋（○包发票○不包发票○包

① 适用于承租时使用的版本。

物业管理费〇不包物业管理费），成交后甲方另行负担服务报酬和各项交易税费。

2. 保证金为人民币/美元______元整或______月租金。

3. 甲方支付租金每______月支付一次。

4. 甲方要求出租方免租期为______天。

5. 甲方愿承租该房屋的租期为______月。

6. 下述设备设施甲方希望出租方能转给甲方使用，甲方对下述设备设施不再另行付费

____

____。

第三条 委托期限：自____年____月____日至____年____月____日止

第四条 意向金支付

1. 甲方为表示承租该房屋的诚意，同意于签订本合同时支付承租房屋月租金的______%即人民币/美元_______元整，作为意向金，本意向金仅系居间人受承租方所托前往出租方处斡旋及价格条件确认之凭据。

2. 如甲方支付意向金后，经乙方斡旋后出租方愿以该价格出租该房屋，则该意向金由乙方转给出租方作为甲方承租该房屋的定金。意向金一旦转为定金交付给出租方，甲方如不愿再承租该房屋，则该定金由出租方没收，如出租方收取该定金后不愿再出租该房屋，则由卖方双倍返还该定金。

3. 如甲方支付意向金后，经乙方斡旋后出租方不愿以该价格出租该房屋，则意向金由乙方于签订本合同后_______个工作日内无息返还甲方。

第五条 甲方的义务

1. 如该房屋租赁成交，甲方须于签订租赁合同同时一次性支付乙方租赁成交的月租金的______%作为服务报酬。

2. 一旦乙方寻找到符合甲方上述要求的承租方，甲方应依乙方通知后3天内前往______签订房地产租赁合同。

第六条 乙方的义务

1. 随时依甲方之查询，向甲方报告业务处理情况。

2. 乙方接受甲方的委托中介代理业务，为了有效地履行业务所实施的市场调查、广告企划、交涉、咨询服务等活动与支出均由乙方自行负责，与甲方无关。

3. 乙方不得通过该房屋交易赚取差价。

第七条 甲方有下列违约行为，须支付乙方该委托月租金的____%作为违约金

1. 甲方于委托期限内或委托期限届满后六个月内与乙方所曾介绍之出租方成交或利用乙方提供的信息、条件、机会而与第三方私下成交的。

2. 委托期限内，出租方愿以上述委托条件出租该房屋，而甲方反悔不愿以委托条件与乙方所介绍之出租方成交的。

3. 委托期限内非经双方同意甲方随意解除本合同的。

4. 其他违约情况导致本委托合同无法继续进行的。

第八条 其他约定：____。

第九条 本合同一式三份，经双方签字之日起生效

第十条 如双方就本合同约定之内容发生任何纠纷，皆选择前往房屋所在地法院诉讼解决

甲方：	乙方：
法定代表人：	经纪人：
代理人：	承办人：
联络地址：	联络地址：
电话：	电话：
时间：年 月 日	时间： 年 月 日

 房地产居间买卖合同

房地产居间买卖合同

卖售人： （以下简称“甲方”）

居间方：

买受人:　　　　　　　　　　　　　　　　　　　（以下简称“乙方”）

鉴于:

乙方拟向甲方购买位于____市____区____路____弄____号之房地产（以下简称“该房产”）。依据国家有关法律法规和本市有关规定，三方在自愿、平等和协商一致的基础上，就居间方接受甲方和乙方的委托，促成双方订立《房地产买卖合同》，并完成其他委托的服务事项达成一致，订立本合同。

第一条　该房产基本信息

1. 该房产坐落于________市________区（县）________路________弄________号________室，共________套，建筑面积为________平方米，权属为________，权证或租赁凭证编号________。

2. 户型：____________室____________厅____________卫。

3. 室内装修情况：____。

4. 附属设施、设备：____。

5. 甲方已明确告知该房地产[是否]设立租赁。

6. 甲方已明确告知该房地产[是否]设立抵押。

7. 其他：____。

第二条　买卖条件

1. 该房产拟售价为人民币________元（大写：________）。

2. 该房产拟首付款为人民币________元（大写：________）。

3. 余款支付方式：____
____
____。

4. 其他：____
____。

第三条　三方的权利和义务

1. 乙方委托居间方按照本协议拟定的购房条件与甲方进行洽谈，并于______个工作日内告知乙方业务处理状况。

2. 甲方保证将该房产通过居间方居间，按本协议之约定出售给乙方。

3. 若甲方签署本协议的，则视为甲方接受本协议约定的全部购房条件。甲方签署本协议后，乙方支付的意向金自动转为《房屋买卖合同》的购房定金，并视为甲方委托居间方代为保管。双方同意，若甲方违反本协议的约定的，则甲方应于本协议解除之日双倍返还定金给乙方；若乙方违反本协议的约定的，则甲方有权没收上述定金。

4. 根据国家法律法规、政策等规定各自承担因本次交易所产生的相关税费。

5. 乙方在签署本协议的当日应当向居间方支付意向金，共计人民币______元（大写：__________）。

6. 若在_____年_____月_____日之前，因甲方原因未签订本协议的，居间方应在____个工作日或乙方认可的两个工作日外的某个时间，将意向金无息返还给乙方。

7. 甲乙双方签订书面的《房屋买卖合同》或其他类似的买卖合同的当日，应各支付居间方人民币______元（大写______）作为居间方的佣金。每逾期一日，居间方有权加收相当于佣金万分之_____的滞纳金。

8. 甲乙双方签订本协议后，因一方或双方原因未履行本协议，导致双方无法签订书面的《房屋买卖合同》或其他类似的租赁合同的，违约方或合意解除协议方应当支付居间方已支付的或即将支付的必要费用。

9. 甲方签署本协议的，甲乙双方同意在甲方签订本协议后的_____天内在居间方安排的场所签订书面的《房屋买卖合同》或其他类似的买卖合同。若因甲方原因未能签署前述买卖合同的，则甲方应当向乙方双倍返还定金；若因乙方原因未能签署前述租赁合同的，则乙方已支付的定金不予返还。

10. 本协议在履行期间，任何一方要求变更协议条款的，应及时书面通知相对方，并征得相对方的同意后，在约定的时限_____天内，签订补充条款，注明变更事项。未书面告知变更要求，并征得相对方同意；擅自变更造成的经济损失，由责任方承担。

11. 若该房产有其他共有权人的，甲方保证其已取得该房产其他共有权人的书面同意，对该房产有出售之权利。

12. 三方约定的其他事项

（1）____。

（2）____。

（3）____。

第四条 收款账户信息

1. 甲方指定的银行账户如下：

户名：________________

开户银行：________________

账号：________________

2. 乙方指定的银行账户如下：

户名：________________

开户银行：________________

账号：________________

第五条 违约责任

1. 任何一方擅自解除本协议的，违约方应当承担守约方因此而遭受的直接损失。

2. 任何一方有违反本协议约定的，则在守约方书面通知后5日内仍不纠正的，则守约方有权立即解除本协议，并有权追偿守约方因此而遭受的直接损失。

3.其他：________________

第六条 其他约定

1. 三方在履行本协议过程中发生争议，由三方协商共同解决。三方在履行本协议过程中签署的任何补充协议为本协议之组成部分，与本协议具有同等效力。

2. 本合同一式______份，甲、乙、丙三方各执________份。

卖售人（名字/名称）
证件号：
地址：
邮政编码：
联系电话：
本人/
法定代表人
（签章）
代理人（签章）

年　月　日
签于：

居间方（名称）
证件号：
地址：
邮政编码：
联系电话：
法人/
法定代表人
（签章）
执业经纪人：
承办人：
年　月　日
签于：

买受人：
证件号：
地址：
邮政编码：
联系电话：
本人/
法定代表人
（签章）
代理人（签章）

年　月　日
签于：

三 房地产居间合同委托书

1 房地产居间合同委托书一[①]

合同编号：

甲方：　　　　　　　　　　　　　　　乙方：

证号：

甲乙双方协商一致就甲方委托乙方居间出售下述房地产事宜达成以下共识并保证依约履行。

第一条 房地产情况

房屋地址	
房地产产权证号	
土地权证号	
代理人性质	○法定代表人/○产权人/○授权委托人/○债权人/○其他权利人
房屋状况	所有权____建筑面积____类型____结构___楼层__竣工日期__
使用类别	○住宅○商铺○办公房○工业厂房○其他
抵押状况	○有　权利人______________　　○无
查封状况	○有　查封人______________　　○无
租赁情况	○有　租赁到期日____________　　○无
其他情况	

第二条 甲方出售该房屋条件（下述条款可选择适用）

1. 甲方愿以人民币/美元_________的总价出售该房屋，成交后甲方另行负担服务报酬和各项交易税费。

2. 甲方收取房款选择下列________条款：

（1）签订房地产买卖合同时，收取总房款的________%。

（2）房地产交易中心受理产权转移申请或办理预售合同变更登记之日收取总房款的__________%。

① 本合同适用于独家委托销售的情况。

（3）买方取得房地产权证时收取总房款的________%。

（4）银行发放贷款时收取总房款的________%。

（5）交付房屋时收取总房款的________%。

3. 下述设备设施甲方愿转给买方，转让价已包含在总价中，甲方对下述设备设施不再另行收费

____

____

________________________________。

第三条 委托期限：自_____年_____月_____日至_____年_____月_____日止

第四条 甲方的义务

1. 甲方保证对该委托之房屋有出售之权利并能依约交屋，如有任何权属纠纷或权限不实，由甲方自行解决，如因此损害了买方或中介方的利益，则甲方应赔偿买方相应的损失，同时支付中介方该委托总价的1%作为赔偿。本条款独立于本合同，即使本合同无效，本条款仍适用于甲乙双方。

2. 甲方须配合乙方带领客户看房。

3. 对于买方须办理购房贷款的，甲方应予以配合。

4. 如该房屋买卖成交，甲方须自行支付相关的交易税费。

5. 如该房屋买卖成交，甲方须于签订买卖合同同时一次性支付乙方买卖成交的总价格的1%作为服务报酬。

6. 一旦乙方寻找到符合甲方要求的买方，甲方应依乙方通知后3天内前往乙方总部签约中心签订房地产买卖合同，并应依乙方通知后5个工作日内前往交易中心办理相关的产权过户手续。

第五条 乙方的义务

1. 随时依甲方之查询，向甲方报告业务处理情况。

2. 乙方须积极通过各种市场渠道寻找买方，早日完成甲方之委托。

3. 乙方接受甲方的委托中介代理业务，为了有效地履行业务所实施的市场调查、广告企划、交涉、咨询服务等活动与支出均由乙方自行负责，与甲方无关。

4. 一旦买卖成交，乙方须协助甲方办理相关抵押注销、合同公证、见证、评估、产权过户、提前还款、领取产证、交房等相关交易手续，直至整个交易完成为止，但相关费用

由甲方自理。

5. 乙方不得通过该房屋交易赚取差价。

第六条 甲方有下列违约行为，须支付乙方该委托总价的1%作为违约金

1. 委托期内，甲方自行出售或经第三人介绍出售该房屋。

2. 甲方于委托期限内或委托期限届满后六个月内与乙方所曾介绍之买方成交或利用乙方提供的信息、条件、机会而与第三方私下成交的。

3. 委托期限内，买方愿以上述委托条件购买该房屋，而甲方反悔不愿以委托条件与乙方所介绍之买方成交的。

4. 委托期限内非经双方同意甲方随意解除本合同的。

5. 其他违约情况导致本委托合同无法继续进行的。

第七条 乙方在中介过程中如发生买方支付定金后不愿再购买该房屋，交易无法进行时，甲方须没收买方的定金，但该定金甲方应与乙方平分，作为乙方在本次居间活动中所实际支付的相关差旅出勤费用；甲方在收取乙方介绍之客户支付之定金后又不愿再出售该房屋的，须双倍返还该定金

第八条 其他约定

____

____

____

第九条 本合同一式三份，经双方签字之日起生效

第十条 如双方就本合同约定之内容发生任何纠纷，皆选择前往房屋所在地法院诉讼解决

特别告知：尊敬的客户，为了您的权益，请配合本公司的交易安全制度将您所支付的每一笔款项进入银行或本公司，并索取相关盖有银行或公司店章或专用章的凭证；且当业务员要求您来签买卖合同时请前往总公司的签约中心________________签约，以保障您的交易安全。

甲方：　　　　　　　　　　　　　　　　乙方：

法定代表人：　　　　　　　　　　　　　经纪人：

代理人：　　　　　　　　　　　　承办人：

联络地址：　　　　　　　　　　　联络地址：

电话：　　　　　　　　　　　　　电话：

时间：年　月　日　　　　　　　　时间：　年　月　日

2 房地产居间合同委托书二[①]

合同编号：

甲方：　　　　　　　　　　　　乙方：

证号：

甲、乙双方协商一致就甲方委托乙方居间出租下述房地产事宜达成以下共识并保证依约履行。

第一条 房地产情况（以房地产管理部门登记资料为准）

房屋地址	
房地产产权证号	
代理人性质	○法定代表人/○产权人/○授权委托人/○债权人/○其他权利人
土地权证号	
房屋状况	所有权____建筑面积____类型____结构____楼层____竣工日期____
使用类别	○商铺○办公房○工业厂房○其他
抵押状况	○有　权利人________________　　○无
查封状况	○有　查封人________________　　○无
租赁情况	○有　租赁到期日______________　　○无
可入住日期	____年____月____日可入住
其他情况	

第二条 甲方出租该房屋条件（下述条款可选择适用）：

1. 甲方愿以月租金人民币/美元________的价格出租该房屋（○包发票○不包发票○包物业管理费○不包物业管理费），成交后甲方另行负担服务报酬和税费。

① 本合同适用于独家委托出租使用的版本。

2. 保证金为人民币/美元________元整或________月租金。

3. 甲方要求租金每________月支付一次。

4. 甲方给予承租方免租期为________天。

5. 甲方愿出租该房屋的租期为________月。

6. 下述设备设施甲方愿交给承租方使用，对下述设备设施使用甲方不再另行收费______
____
____。

第三条 委托期限：自____年____月____日至____年____月____日止

第四条 甲方的义务

1. 甲方保证对该委托之房屋有出租之权利并能依约交屋，如有任何权属纠纷或权限不实，由甲方自行解决，如因此损害了承租方或中介方的利益，则甲方应赔偿承租方相应的损失，同时支付中介方该委托月租金的一倍作为赔偿。本条款独立于本合同，即使本合同无效，本条款仍适用于甲、乙双方。

2. 甲方须配合乙方带领客户看房。

3. 如该房屋租赁成交，甲方须自行依法向相关房地产管理部门办理租赁登记并缴纳相关的税费。

4. 如该房屋租赁成交，甲方须于签订租赁合同同时一次性支付乙方租赁合同中约定的月租金的50%作为服务报酬。

5. 一旦乙方寻找到符合甲方上述要求的承租方，甲方应依乙方通知后3天内前往中介方指定地点签订房地产租赁合同。

第五条 乙方的义务

1. 随时依甲方之查询，向甲方报告业务处理情况。

2. 乙方须积极通过各种市场渠道寻找承租方，早日完成甲方之委托。

3. 乙方接受甲方的委托中介代理业务，为了有效地履行业务所实施的市场调查、广告企划、交涉、咨询服务等活动与支出均由乙方自行负责，与甲方无关。

4. 乙方不得通过该房屋租赁交易赚取差价。

第六条 甲方有下列违约行为，须支付乙方该委托月租金50%为违约金

1. 委托期内，甲方自行出租或经第三人介绍出租该房屋。

2. 甲方于委托期限内或委托期限届满后六个月内与乙方所曾介绍之承租方成交或利用

乙方提供的信息、条件、机会而与第三方私下成交的。

3. 委托期限内，承租方愿以上述委托条件承租该房屋，而甲方反悔不愿以委托条件与乙方所介绍之承租方成交的。

4. 委托期限内非经双方同意甲方随意解除本合同的。

5. 其他违约情况导致本委托合同无法继续进行的。

第七条 乙方在中介过程中如发生承租方支付定金后不愿再承租该房屋，交易无法进行时，甲方须没收承租方的定金，但该定金甲方应与乙方平分，作为乙方在本次居间活动中所实际支付的相关差旅出勤费用；甲方在收取乙方介绍之客户支付之定金后又不愿再出租该房屋的，须双倍返还该定金。

第八条 其他约定

____

____

____

第九条 本合同一式三份，经双方签字之日起生效

第十条 如双方就本合同约定之内容发生任何纠纷，皆选择前往房屋所在地法院诉讼解决

第十一条 甲、乙双方在签名处留下的联络地址即为本协议下任何书面通知的送达地址，若因受送达方拒收或地址错误导致无法送达，则均按照付邮日（以邮戳为准）视作通知方已依本协议给予书面通知；若该联络地址变更，变更方应及时书面通知相对方。

特别告知：尊敬的客户，为了您的权益，请配合本公司的交易安全制度将您所支付的每一笔款项进入银行或本公司，并索取相关盖有公司店章或专用章的凭证；且当业务员要求您来签租赁合同时请前往总公司的签约中心________________签约，以保障您的交易安全。

甲方： 乙方：

法定代表人： 经纪人：

代理人： 承办人：

联络地址：　　　　　　　　　　　　联络地址：

电话：　　　　　　　　　　　　　　电话：

时间：年 月 日　　　　　　　　　　时间：年 月 日

3 房地产登记委托书（政府版）

委托书

委托人□姓名□名称：　　　　　　法定代表人：

身份证件名称：　　　　　　　　　证件号码：

国籍：　　　　　　　　　　　　　户籍：　　　　　　　　电话：

联系地址：　　　　　　　　　　　邮编：

受托人□姓名□名称：　　　　　　法定代表人：

身份证件名称：　　　　　　　　　证件号码：

联系地址：　　　　　　　　　　　邮编：　　　　　　　　电话：

受托人□有□无 转委托权。

委托期限：______年______月______日至______年______月______日。

现委托人委托____________为合法代理人，代表委托人处理坐落于____市____区____路____弄____号____室之房地产如下____________事项：

1. 办理上述土地使用权、房屋所有权初始登记事宜。
2. 办理上述土地使用权、房屋所有权转移登记事宜。
3. 办理上述土地使用权他项权利登记事宜。
4. 办理上述房屋所有权他项权利登记事宜。
5. 办理上述土地使用权变更登记事宜。

6. 办理上述房屋所有权变更登记事宜。

7. 办理上述房地产预告登记事宜。

8. 办理上述房地产单方预告登记事宜。

9. 办理上述房地产更正登记事宜。

10. 办理上述房地产异议登记事宜。

11. 办理上述房地产文件备案登记事宜。

12. 办理上述房地产权利注销登记事宜。

13. 领取房地产权证。

14. 领取房地产登记证明。

15. 领取房地产登记备案证明。

16. 代为归还抵押权人之借款及领取注销抵押所需之材料。

受托人在其权限范围内依法所做的一切行为及签署的一切文件，委托人均予以承认。本委托书不可撤销。

委托人、法定代表人签名：

单位盖章：

年　月　日

4 公证授权委托书一[①]

授权委托书

委托人：　　　　性别：　　　　出生年月：

证件号码：　　　　住址：

委托人：　　　　性别：　　　　出生年月：

① 本合同适用于房屋出租时使用的情况。

证件号码：　　　　　　　　　　　　　　住址：

受托人：　　　　　　　　　性别：　　　　　　　　　出生年月：

证件号码：　　　　　　　　　　　　　　住址：

委托人因无法亲自办理出售上海市________________________房屋的相关事宜，特委托_______为委托人的代理人，就上述房屋取得房地产证后全权代表本人履行下列附录中所列第______________项（共计__________项权利），受托人_____转委托权。

凡由受托人在上述委托权利内，代理委托人就上述房屋所实施的法律行为及所造成的法律后果，委托人均予以承认。

上述委托的期限自委托人签署授权委托书之日起至受托人完成委托事项之日止。

委托人：

年　月　日

附录：

1. 代为签订房屋买卖合同/代为签订定金协议。

2. 代为办理合同公证或见证、领取公证书。

3. 代为办理房屋抵押登记注销手续、代为办理还贷、退保手续。

4. 代为支付一切上述房屋应支付的费用。

5. 代为办理产权过户手续及缴纳相关税费、交易手续费等。

6. 代为收取房价款。

7. 代为办理水、电、煤、电话等更名手续。

8. 代为与物业管理处办理更名手续。

9. 代为签订房地产及抵押合同或办理转按揭相关手续（包括签署有关合同、文件并办理公证）。

10. 代为办理网上房地产备案、资金监管、挂牌交易、过户、领证等事宜，并签署与之相关的所有文件。

11. 上述房屋已办理预告登记，尚未领取房地产权证，故委托受托人代为办理领取房地产权证及其他证明文件事宜。

12. 代为办理房屋买卖其他事宜。

5 公证授权委托书二①

授权委托书

委托人：　　　　　　　　　　　　性别：　　　　　　　　　　　出生年月：
证件号码：
住址：
受托人：　　　　　　　　　　　　性别：　　　　　　　　　　　出生年月：
证件号码：
住址：

委托人因故不能亲自来交易中心办理有关______________________房地产买受事宜，特委托受托人_________为本人代理人，就上述房屋全权代表本人履行下列附录中所列第______项（共计______项权利），受托人_____转委托权。

凡由受托人在上述委托权利内，代理委托人就上述房屋所实施的法律行为及所造成的法律结果，委托人均予以承认。

上述委托的期限自委托人签署授权委托书之日起至受托人完成委托事项之日止。

委托人：
年　月　日

附录：

1. 代为签订房屋买卖合同/代为签订定金协议。

2. 代为办理合同公证或见证、领取公证书。

① 本合同适用于买受方使用的情况。

3. 代为领取房地产权证。

4. 代为支付一切上述房屋应支付的费用。

5. 代为办理产权过户手续及缴纳相关税费、交易手续费并签署承诺书等相关文件等。

6. 代为支付房价款。

7. 代为办理水、电、煤、电话更名手续。

8. 代为与物业管理处办理更名手续。

9. 代为签订房地产借款合同及抵押合同或办理转按揭相关手续（包括签署有关合同、文件并办理公证）。

10. 代为办理房屋买卖其他事宜。

6 受委托承诺书

（1）无公证委托情况下的真实性承诺

承诺书

本人________在此承诺：本人在办理坐落于上海市________________。

房地产买卖过程中所提供的委托书、身份证明、户口簿、婚姻证明等相关证明及资料（包括但不限于上述资料的正本、副本及相应人的签字）均真实有效；本人有合法产权人真实委托，所代理的相关事项的代理权限合法有效；否则由此产生的相应责任，均由本人承担。

承诺人：______

日　期：______

（2）公司房屋买卖委托书

董事会决议

本公司是一家注册于________________，持有有效商业登记证号为________的公司法人（附商业登记证或营业执照）。现因需要，董事会根据公司章程的规定决定出售位于中国上海市_________________________区____________弄____________________支弄_____号_________室以及______________车位房地产，经过表决董事会达成如下决议：

1. 同意出售_____区_____弄_____支弄_____号_____室以及_____车位房地产。

2. 授权__________作为本公司的代理人，代为办理出售该房地产的包括但不限于签订房地产买卖合同、办理产权过户、委托中介机构、办理公证、缴纳相关交易费用、办理交房、收取房价款等涉及房地产转让的相关事宜。自本决议生效之日起至代理事项结束之日终止。

3. 代理人_____就本公司赋予的上述委托事项具有□无□转委托权。

公司名称：

公司盖章：

公司董事：

年　月　日

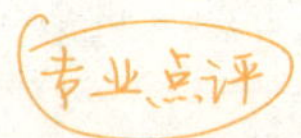

独家专任委托与一般委托的区别

在所有的房地产买卖居间合同或委托合同中，对委托是否唯一，直接影响委托后的效果。如果你的委托是唯一的、专任的、排他的，那么与一般委托就有五大区别。

区别一：性质不同

专任委托的委托是唯一的，一般委托是非唯一的。即如果是专任委托，那也就是确认只委托某一特定中介公司卖房或租房，不允许其他中介公司参与卖房或租房。

区别二：排他性不同

专任委托排除其他中介公司的居间行为；一般委托可以和多家中介公司同时签署多份

委托书。

区别三：后果不同

签署专任委托也意味着如果房子出售或出租，不论是否通过该中介公司的服务或资源完成，委托人都必须足额支付佣金给专任委托的中介公司；而一般委托获得佣金的前提是促成成交，如果交易未达成，则没有权利收取佣金，委托人只需支付佣金给促成成交的中介公司。

区别四：积极性不同

对于签署专人委托的中介公司来说，签署专任委托，自己未来获得佣金的权利完全可以保障，也能看出委托人的委托诚意以及委托人对中介公司的信任度，所以积极性会更高，更愿意花时间和精力推销房屋；而一般委托由于知道委托人委托了多家公司，而劳动所得——佣金还有不确定性，特别是如果自己花时间、金钱进行推销，可能被别的公司获利，佣金变得不确定，不如把精力花在肯定能获得佣金的案子上，所以对于一般委托，公司和人员的积极性肯定要差很多。

区别五：对中介公司要求不同

签署专任委托的委托人可以对中介公司提出更多要求，比如要求报纸广告多少次，每月带看多少次等，甚至可以要求在一定时间内促成交易，如果届时不能完成交易，中介公司需要进行赔偿；但是一般委托，委托人就不能对中介公司提出更多要求。中介公司只需签署委托书，即便中介公司没有对委托人房屋进行推介，委托人也不能指责中介公司。

在卖方市场下，很多出售人不愿意签署专任委托，认为即便是一般委托甚至不签委托书，由于房产销售市场走俏，只要有房子都能卖得掉或租得出，所以专任委托并不盛行，很多出售人对专任委托的权利、义务也不会费心了解。但随着房地产市场慢慢进入买方市场以及出售人不堪忍受中介公司的电话骚扰，同时随着买方市场的逐渐形成，一部分出售人签署专任委托的意识增强，专任委托在部分高端客户群中慢慢开始盛行。

四 合同内容变更书

1 房地产委托合同变更书

编号：______________

甲方：____________________________

乙方：____________________________

甲乙双方本着公平、诚实、信用的原则，就____年____月____日，甲方委托乙方居间销售/出租其名下的____路____弄____号____室房地产所签订的居间合同中相关内容（合同编号：____以下简称“该合同”）作如下变更及明确：

1. 甲乙双方约定将合同中第二条中的委托(销售/出租)价格及交房时间变更如下：

（1）该合同中第二条标的物标示之委托销售/出租价格，现经甲乙双方协商，将价格变更为：

（销售）（____币）____亿____仟____佰____拾____万____仟____佰____拾____元整。

（出租）__________人民币（元）/美元/年（月）。

（2）现经甲、乙双方协商，将该交屋日期变更为：________________。

2. 甲乙双方约定，甲方决定将原委托期（至___年_____月______日止）延长至___年___月______日止。

3. 甲乙双方约定，甲方委托乙方销售/出租该房地产的房价款中，包括其随屋赠予/出租的：____等设施及设备的价款。

4. 甲乙双方约定该合同中的付款方式现变更为：

第一次付款：____

第二次付款：____

房价款余额：____

5. 其他变更：____

____

6. 甲乙双方约定自本变更书签订之日起，甲乙双方即按已确定变更的相关内容享有及承担权利和义务。原房地产委托合同未变更的，甲乙双方仍需遵照执行。本变更书作为原合同的附件与原房地产委托合同不一致的以本合同为准。

7. 特别告知：当您每支付一笔款项进入本公司，请向收取人索取有本公司店章或专用章的凭证。

8. 本变更书自双方签字或盖章之后起生效。

甲　　方：____________　　　　乙　　方：____________

证件号码：____________　　　　执业经纪人：____________

代 理 人：____________　　　　证 件 号 码：____________

签　　名：____________　　　　经　办　人：____________

日　　期：____________　　　　日　　期：____________

收取人：

时　间：

2 合同内容变更书

原居间合同编号：

委托物件地址		
类别	变更前	变更后
委托期限	年　月　日至　年　月　日	年　月　日至　年　月　日
委托价格		
委托性质		
其他条件		

委托人签章：　　　　承办人签章：　　　　经纪人签章：

时间：　　　　时间：　　　　时间：

五 房地产买卖定金协议

1 房地产买卖定金协议一

房地产买卖定金协议

甲方：

乙方：

甲乙双方协商一致就乙方购买__________________房屋事宜达成以下协议：

一、甲方自愿出售上述房屋给乙方，乙方也自愿购买上述甲方所有的该房屋。

二、双方协商一致甲方出售该房屋的总价为人民币_______元整。

三、乙方购买该房屋的付款方式可选择为下列方式：________。

1. 签订本定金协议时，支付定金人民币_______元整。

2. _______年_______月_______日前支付甲方总房款的_______%即人民币_______元整专项用于甲方还贷。

3. 房地产交易中心受理产权转移申请或办理预售合同变更登记之日支付总房款的__________%。

4. 交付房屋时支付总房款的_______%即人民币_______元整。

5. 乙方取得房地产权证时支付总房款的_______%即人民币_______元整。

6. 银行发放贷款时支付总房款的_______%即人民币_______元整。

四、下述设备设施甲方愿意转给乙方，转让价包含在总价中，乙方对下述设备设施不再另行付费____。

五、甲乙双方协商一致甲方于办出以乙方为权利人房地产权证后七个工作日内将该房屋交付给乙方使用。

六、甲乙双方协商一致于______年______月______日前前往中介方的签约中心签订《上海市房地产买卖合同》。

七、乙方支付定金后，甲方反悔不出售该房屋则甲方须双倍返还乙方定金，乙方不愿再购买该房屋的，则该定金由甲方没收。

八、其他约定：____
____
____
____。

九、双方对本定金协议如有异议可提请上海仲裁委员会仲裁解决。

十、本定金协议一式三份，双方各执一份，中介方留一份。

甲方：　　　　　　　　　　　　乙方：

身份证件号：　　　　　　　　　身份证件号：

联系地址：　　　　　　　　　　联系地址：

时间：　　　　　　　　　　　　时间：

中介方：

时间：

2 房地产买卖定金协议二[①]

房地产买卖定金协议

甲方：（卖方）

身份证：

① 本协议适用于期房买卖的情况。

乙方：（买方）

身份证：

甲、乙双方本着平等、自愿的原则经协商一致，就上海市__________（以下简称为“该房屋”)买卖事宜，签订本协议，协议内容如下：

一、乙方已经了解甲方所属该房屋相关情况如下：

1. 该房屋产权证号为______。

2. 该房屋地址为：__________________；面积为：_______，该房屋用途为：_______。

二、甲、乙双方就买卖该房屋的交易方式为__________，自签订本协议当日，甲方将上述房屋的预售合同及相关发票交至中介方保管。

三、甲、乙双方协商一致同意甲方出售该房屋的实际出售价格为人民币__________元整（大写：人民币________元整）。

四、乙方于签约后次日，于中介方查询该房屋除银行抵押外无其他权利限制及查封状况，且甲方将相关交易资料交至中介方后，直接支付甲方定金人民币_________元整，该笔定金自甲、乙双方所签订的《上海市房地产买卖合同》生效后自动转为购房款。

五、甲方须自签订本协议后5个工作日内办妥授权委托中介方办理该房屋的房地产权证及出售该房屋的一切相关手续的委托公证书。

六、甲乙双方协商一致，待双方签订买卖合同时的具体付款方式如下：

1. 乙方于签约后次日，直接支付甲方定金人民币________元整。

2. 乙方于甲乙双方至上海市_______区房地产交易中心办理过户手续前，支付甲方房款人民币________元整暂存于中介方账户（户名：_________，账号：_________），中介方于交易中心出具收件收据后5个工作日内将该笔房款无息转交甲方。

3. 乙方于银行发放贷款时，以贷款的方式支付甲方房款人民币_________元整，该笔款项由中介方一次性划入甲方账户。

七、若甲方在与乙方签订本协议后，反悔不出售该房屋给乙方的，则甲方应双倍返还乙方已支付的定金。

八、若乙方在与甲方签订本协议后，反悔不购买该房屋的，则无权要求甲方返还已收取的定金。

九、甲方保证上述房地产买卖不存在产权争议和其他人主张权利的情况。

十、甲、乙双方协商一致，各自承担各自交易过程中产生的税费，任何一方不得因国家政策或税费调整而损害另一方、第三方或中介方的利益。

十一、甲乙双方于签订该定金协议后十个工作日内签订《上海市房地产买卖合同》，本协议未尽事宜以双方签订的《上海市房地产买卖合同》约定为准。

十二、如双方就本协议约定之内容发生任何纠纷，由双方协商解决，协商不成的，皆选择至上海仲裁委员会裁决。

十三、本协议一经甲乙双方或其合法授权人签字即生效，且乙方有权指定第三人完全承受本协议，作为将来追加该第三人作为买方主体之一。

十四、本协议一式三份，甲、乙双方各执一份，中介方执一份。

甲　方：　　　　　　　　　　乙　方：
身份证：　　　　　　　　　　身份证：
联系电话：　　　　　　　　　联系电话：
联系地址：　　　　　　　　　联系地址：
日　期：　　　　　　　　　　日　期：

中介方：
联系地址：
联系电话：
日期：

专业点评

二手房交易中定金协议的区别

在上海的二手房市场上，二手房的交易方式并不复杂，大多是签订上海市政府设立的格式合同：上海市房地产买卖合同。但由于合同签订过程中会产生一些另外的情况，为了交易的方便和安全，上下家往往会采取其他方式进行交易，特别是采取定金协议方式进行交易的居多。

（1）定金协议的两大情况

单就定金协议来说有很多版本，但主要分两种情况。

情况一：有产证的房子

有合法产证的房子，在进行房屋交易过程中有以下三种协议。

第一，签订购房定金；

第二，签订购房订金；

第三，签订意向金转定金。

情况二：无产证的房子

在房屋尚未办出产证的情况下，由于上海市现已禁止办理期房转让手续，但上海还有很多期房（即尚未办出小产证的房屋）或动迁房（3年以后才能上市交易），市场上要求交易的需求非常大，因此大部分中介公司为了满足这种交易的需求和赚取佣金的需求，采取让双方签订购房定金的方式进行房屋买卖交易。

由于利用定金方式进行这种交易风险较大，且现有的国家法律对定金的相关规定非常具专业性，对大多消费者来说很难把握其中的关键点和风险点，往往因为不了解而签订了一份无效的定金合同，而导致无法保护自己的权益。可市场的需求又太大，尽管存在较大风险，仍有很多消费者愿意用这种方式购买自己喜欢的房屋。既然为了购买自己喜欢的房屋愿意承担风险，那么如何最大程度的降低风险就是消费者关心的事情了。

针对期房不能转让的情况下，对期房进行交易，签订定金合同应注意以下几点。

第一，签订此种定金合同应通过中介公司或第三方进行。

这是为了保护客户利益，由于期房的不确定性太多，风险也多，涉及的专业问题也多，很容易产生纠纷，只有通过中介或专业第三方才能尽量减少争议和纠纷，而且以后纠纷或诉讼也就有了中间人作为证人来确保事件真实性的阐述。

第二，确定定金合同的性质。

根据我国法律的规定，定金合同分为履约定金、签约定金、违约定金等，每种性质的定金其相关约定方式及履行方式都有所不同。定金合同根据我国法律规定属于保证合同，而保证合同属于从合同，其有效性是根据主合同的有效性来决定的，即主合同有效则作为从合同的定金合同也会有效，主合同无效则作为从合同的定金合同也就无效。而期房签订定金合同时，由于上家的房产证尚未办出，双方无法签订房地产买卖合同，即使签订了房地产买卖合同，由于作为合同标的的房屋尚未确定，该房地产买卖合同势必无效。而房地产买卖合同作为主合同没有签订或无效必然导致作为从合同的定金合同无效。这就是定金合同的复杂之处，很多的定金合同签订后都会很容易成为无效合同，买家的利益无法通过签订定金合同来确定。其实定金合同作为从合同当其为履约定金或违约定金时，当主合同无效时，其从合同定金合同必然无效。但当定金合同为签约定金时，由于其约定的是要求签约双方按约定条件签订房地产买卖合同，是双方对签约行为的一种保证和约定，可以独立存在。因此当在约定期房交易的定金合同时如能在约定中明确定金合同的定金性质为签约定金比较有利，但如何用法律用语表述就要由具备专业知识的专业人士通过标准语言来确定了，由于法律用语中专业知识太多，在此就不再一一赘述。

第三，确定定金的数额。

从一般的消费者的角度来说，支付多少定金可以由双方协商确定，但根据我国合同法中的相关规定，定金数额不得超过总标的的20%，即签订期房交易的定金合同，定金数额不得超过总房价的20%。定金数额超过总房价20%的部分无效，定金数额少于总房价20%的，定金合同有效。

第四，注意定金的交付方式。

在现有的大多数中介公司操作定金合同中，为了保障买家的利益，大多中介公司特别是许多小型的中介公司将买家支付的定金放在中介公司的账户上，不给房东以防房东反悔，追讨困难。这些中介公司为了保障买家的利益作此行为，却由于不了解国家法律规定而在实际上损害了买家的利益。根据我国法律规定，定金合同自定金交付之日起生效。即在期房交易签订定金合同的情况下，只有定金已交付给了房东，且房东已提供书面收据，并明确收取金额为定金的情况下，该定金合同方为有效。如定金没有交付给房东，买家无法提供由房东亲笔签署的定金收据，则定金没有交付，即使定金合同签署的再漂亮，仍然是无效，买家也就无法希望通过定金合同来保护自己的利益，享受双倍返还定金的权利。

第五，区别定金罚则和违约金罚则。

在现有的期房交易中，很多买家会担心房东到时会不愿再出售房屋，而根据定金罚则，其所得的赔偿也不过是定金数额的一倍，在上海房价飞涨的现状下，对大多数买家来说，宁愿不要赔偿也不愿房东反悔不卖房屋。为了保障自己，很多买家会要求在定金合同中加入违约金条款，期望在获得定金赔偿之外，通过违约条款的约定获得另外的赔偿。但根据我国法律规定，定金罚则和违约金赔偿只能择一适用，即选择定金赔偿的就不能选择违约金赔偿，选择违约金赔偿的就不能选择定金赔偿。两者不可兼得。且由于我国法律规定对于违约金的约定，如果一方认为过高或过低，在诉讼或仲裁中可以要求法院或仲裁院降低或增加。也就是说对违约金的约定不见得能够实现，在追索违约金的过程中，法院或仲裁院有一定程度的自由裁量权。但定金罚则则不同，只要符合定金合同的相关法律约定，合同法明确规定适用定金罚则的约定。一旦违约，对收取定金方双倍返还定金，对支付定金方没收定金，法院或仲裁院无自由裁量权。

以上几点必须满足，否则就会根本动摇定金合同的有效性。但即使做到了以上几点也不能防止房东或买家反悔不卖不买。

（2）减少合同失败的两大措施

根据我国法律规定房地产交易以登记为准，也就是说买卖双方只要愿意支付约定的违约金，在双方前往交易中心办理过户登记手续前都可以反悔不买不卖。而期房交易大多为房东的产证要将近半年甚至一年的时间才能办出，可双方办理过户登记的前提是房东方的产证已经办理出来了，因此，对期房交易，买卖双方拥有很长的时间考虑。而对买卖双方来说，考虑的时间越长，交易的时间越长，市场和个人等不确定因素就越多，特别是近年来，上海的房价上涨过快，很可能一年后，房价上涨的部分早就超过定金部分，因此反悔的比例也就自然高了。而如何减少反悔比例就是一件让人头痛的事情。为了尽量减少这种可能性，可以通过以下措施：

措施一：将出售方相关产权证明交付中介方防止出售方悔约

由于期房尚未办出产权证，但期房仍有相关的产权证明，像上海现在有预告登记证，经过备案登记的预售合同等，由于这些证件原件都是仅此一件，缺失补办的程序又比较麻烦，如果将这些证明留在中介公司，对买家来说就会比较放心，一旦出售方有任何变动，都需要用到这些证件，那么作为中介公司一旦发现这些情况，必然会及时作出相应的反应，也必然会对买家的相应权利进行保护。

措施二：要求出售方办理相关的委托公证预防一房两卖的可能

为了减少房东一屋两卖的可能性，让房东办理相关的委托公证，委托给中介公司办理房东的房地产权证，同时委托中介公司代出售方办理产权过户的手续。以便中介公司第一时间办理出售房屋的产权证并办相关过户手续，减少交易时间，就意味着减少反悔的机会，也防止未来出售方发生问题，无法协助买方办理过户手续的可能性。当然即使办理了委托公证，房东的权利仍不能被取代，而且出售方也可以撤销已做的委托公证，只不过程序比较复杂。

第二章

中介机构维护利益的工具——带看文书

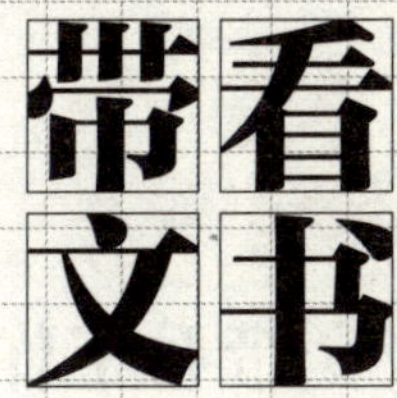

带看是置业顾问带领意向客户实地看房的过程，也是房地产中介工作流程中最重要的一环，这一过程把握的好坏直接影响到交易的成功与否。

了解·补充·信息对称

在签订带看协议前，认真弄清楚各项义务及权利。对空白处不需要填写地方可划去。消费者可以与中介方协商对条款进行补充。若是遇到不同的中介带看同一套房子，应事先说明。中介经纪人在与消费者签协议时，也必须尽量保持双方信息对称。在法律界对带看协议有最后规定之前，双方若能坦诚交流将会减少很多误区以及纠纷。

法律界对于带看协议是否有法律效力存在着分歧，说明其在法律上有比较大的漏洞。法律界对带看协议的认识关系到中介行业和消费者双方合法权益的平衡。能否将两个群体的利益放在相对平衡的杠杆上，是法律界面临的较大考验。

一份公平合理的带看协议要明确中介方与消费者双方的义务与权利。在带看协议颇有歧义的最后一条规定中，法律界的看法还是较为统一，认为可以收取相应的劳务费，但不应该是全部中介费。至于这个费用的标准还尚待研究。

带看，顾名思义就是置业顾问带领意向客户实地看房的过程，带看是工作流程中最重要的一环，也是我们对客户进行深入了解的最佳时机。这一过程把握的好坏直接影响到交易的成功与否，带看把握得好，即使该次带看没有成功，也使我们对客户的需求和购房心理有了更深一步的了解，对以后的工作会有很大的帮助。

一 带看工作准备事项

第一，房地产中介应确认物业的详细信息（包括面积、价格、楼层、装修情况、小区物业费等），梳理清楚房屋的优缺点，能够为客户提供精确而详细的房屋信息。

第二，带看的物品准备：看房确认书。填写带看确认书时，需要看相关证件做登记。简要说明看房确认书的用途、中介的服务和收费标准。

第三，提高对客户重复看房的重视程度。一次看房即成功购买的概率不高，所以一定要在重复看房的时候，努力为客户提供更细致的房屋信息。同时可透露其他客户看房的情况，帮助客户判断房屋的市场价值。也可要求客户带着定金来看房，促使下定。

 带看过程中注意事项

第一，带看路上的沟通， 适当向客户传递定金概念与中介费收费标准，使客户对相关规定有所了解。

第二，防止看房客户跳单的手段，带看确认书一定要客户填写，保障房地产中介的权益；避免客户和房东有过多的交流，防止客户与房东单独接触，出现网下交易的情况，向买卖双方讲解，不按常规交易的风险，陈述其危害性。

地产中介百宝箱

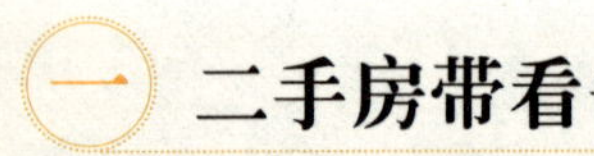

一 二手房带看书

买受方带看确认书

委托人（以下简称甲方）：

居间人（以下简称乙方）：

委托事项：甲方委托乙方居间中介代理买受房屋事宜。

甲乙双方就居间中介代理买受房屋事宜确认下列条款并保证依约履行。

第一条 甲方的义务

甲方不得私下与乙方曾介绍的出售方进行本委托事项的交易，否则甲方应按本确认书所列房屋的出售价的1%支付乙方作为违约金。

第二条 乙方的义务

1. 乙方应努力通过市场流通渠道，尽快寻找合适的标的物，早日促成甲方委托的交易。

2. 乙方接受甲方的委托中介代理业务，为了有效地履行业务所实施的市场调查、租赁、交涉、咨询服务等活动与支出均由乙方自行负责，与甲方无关。

第三条 服务报酬

1. 甲方通过乙方居间中介买受房屋，甲方应支付乙方服务报酬为买卖合同中所确定的总房款的1%。

2. 甲方应于签订房地产买卖合同时，一次性支付上述报酬。

第四条 看房记录

房屋地址：（1）________________________________；

（2）________________________________；

（3）________________________________；

（4）________________________________。

第五条 其他约定________________________________

____

____

____

甲方：　　　　　　　　　　　　乙方：

法定代表人：　　　　　　　　　经纪人：

代理人：　　　　　　　　　　　承办人：

联络地址：　　　　　　　　　　联络地址：

电话：　　　　　　　　　　　　电话：

时间：　年　月　日　　　　　　时间：　年　月　日

二 分销代理专用带看书

客户确认书

编号：NO.________

一、客户信息

客户姓名：____________　　客户性别：____________

所属国籍：____________　　所在城市：____________

电话号码：____________　　手机号码：____________

二、上海__________置业顾问有限公司相关人员联络方式

联络人员：____________　　所属分行：____________

电话号码：____________　　传真号码：____________

三、兹确认第一条所述客户由上海_______置业顾问有限公司于____年____月____日向我公司推荐，我公司特在此确认该客户属于上海_______置业顾问有限公司推荐的有效客户！

上海___房地产开发有限公司

确认人（签名）__________

______年______月______日

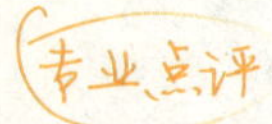

常规带看书必备条款

带看书是中介公司带买房或租房客户看房的凭证，其目的是保存公司带客户看房的证据，确认员工的工作内容。不同版本的带看书其终极目的相同，只是细节不同，一旦发生纠纷，中介公司获得的权益不同。各公司带看书有以下不同，建议用有以下条款的带看书。

（1）带看书中不要明确房屋金额

由于房屋磋商交易过程中，价格时有变化，房东委托卖房或租房的价格和最终双方交易的价格一般都会有不同，如果在带看时就明确金额，那未来如果买家跳过中介就会有一个很好的理由：价格不同，该中介没有帮我谈到我要的价格。

（2）预留登记多套房屋地址的版本

带看书中有写多套房屋地址的地方，这种情况下，同一客户如果带看多套，最后却跳过中介，一旦诉讼，即便是要劳务费也能获得更高金额。

（3）客户签字确认所带看的房屋

每带看一套房屋要求客户签字确认一次并标明日期，这样带看事实能被确认，且不能被抵赖。

（4）带看书中应明确签字人的签字可代表其亲友及公司

由于最初看房和最终买房的人经常不一，可能是父母代孩子看房，员工代公司看房，甚至有闺蜜代朋友看房的情况，为防止万一，在带看书中明确签字人可以代表的相关亲友都在合同约定范围内，发生纠纷也不用担心解释问题。

（5）带看书中最好标注相关佣金标准

最早的带看书中没有这个佣金标准，原因是一方面早期有公司喜欢超额收费，另一方面也是觉得还没到时候，对带看书的重要性意识还不够，现在很多港资公司都习惯使用有佣金标准的带看书，这看起来好像和带看没多大关系，但把相关佣金标准明确标注，客户签字后也就意味着客户认可该佣金标准，等于带看书也有了佣金确认的功能。

代理销售的带看书和一般二手带看书不同，除了确认买房人看房事实外，由于佣金是从开发商处获取，还需要开发商签字确认，其目的和相关条款也不同。

第三章

为中介服务埋单——

客户为了减少交易成本通过中介进行交易，服务佣金是客户为了降低交易成本所支付的费用，而中介机构在进行努力搜索时所耗费时间和精力的报酬就是服务佣金。

支付方式 · 制度 · 原则

在房地产中介交易市场中，客户与中介签订契约时会选择佣金制度作为服务佣金支付的标准，而服务佣金的数量及支付方式与双方的行为密切相关。

一 收取佣金的三种方式

房地产中介主要通过三种方式来收取佣金费用，分别是：固定费额佣金、固定费率佣金以及底价销售佣金。目前，在我国房地产市场上，客户和中介之间的交易多采用固定比率的佣金制度。

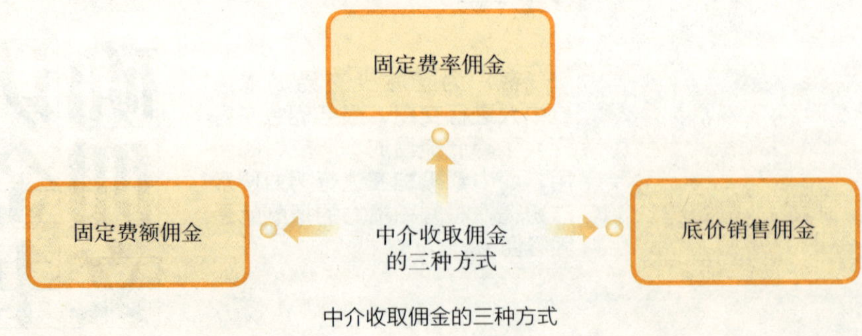

中介收取佣金的三种方式

1 固定费额佣金

在房地产中介市场中，固定费额佣金就是目前很多交易中使用的一种佣金收取方式。固定费额佣金是指委托人和代理人在签订合同时约定，当代理人成功地协助委托人达成房地产交易后，中介可以获得固定数额的佣金。佣金费用是在双方签订合同时就已经确定的，跟房屋售价等其他因素无关。

在这种佣金制度下，无论房屋的最终交易成交价为多少，委托人都只需向中介支付固定费额的佣金。一般来说，这种情况下，委托人支付的佣金费用最少，这也意味着此时中介获得的佣金收入最少。

2 固定费率佣金

顾名思义，固定费率佣金就是佣金费用按照固定的比率收取，无论房屋的最终成效价如何，都以此固定比率乘以成交价来提取中介佣金。收取的比率根据房地产类型以及数量多少的不同，一般为1%～4%。

这是一种在国内外都很常见的服务佣金。通常来说，各地区所收取的佣金比率是不同的，衡量的标准与该地区的房屋中介市场发展水平和房屋价格水平有关，一般都会有行业接受的比率，客户与中介会根据这个固定的比率签订合同。在房屋成功交易后，客户交房屋成交价的固定比率部分作为佣金支付给中介，相较而言，这种方式简单易行。

3 底价销售佣金

在底价销售这种佣金制度下，委托人与中介之间在签订服务合同时，关于房屋的最终成交价，会事先确定一个销售的底价。在房屋交易的过程中，中介会根据房屋的销售底价进行目标顾客的选择及匹配，中介所获取的佣金为房屋销售底价的部分，而客户得到销售底价，无须支付其他任何佣金。

在实践中，以这种佣金方式进行交易的案例也很常见。这时因为在这种佣金制度下，客户对于自己所提出的销售底价是满意的，并且此时中介的激励效应最大。

制定中介佣金制度适用三大原则①

在不同的佣金制度下，中介和客户的目标函数是不同的，也就是说在不同的佣金制度下，客户和中介的行为选择可能是不同的，发生道德风险的概率也是不同的。合理选择房地产中介服务的佣金制度是从根本上预防房地产中介机构和客户的双重道德风险问题，也是规范我国房地产中介业发展的一项重要措施。

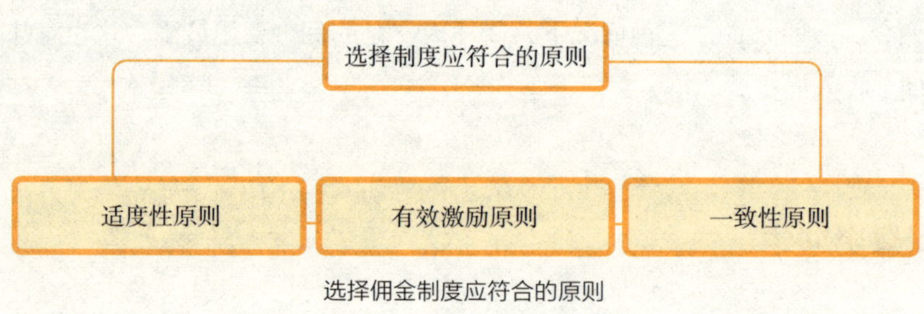

选择佣金制度应符合的原则

1 适度性原则

适度性原则是指房地产中介收取的佣金费用应该处于一定的范围之内，不能太高也不能太低。如果太高会使客户躲避支付佣金费用的概率大，而太低则会导致中介的激励不足。

房地产中介希望尽量多地收取中介费用，但是客户所愿意支付的服务佣金是有限的。客户之所以寻求中介帮助进行房屋交易，是因为如果没有房地产中介，客户同样需要付出一定的交易成本才能获得相关的交易信息。但是在这过程中，客户需要付出时间、精力、金钱亲自搜索信息，因此如果客户需要支付的佣金费用大于或接近自己进行搜索、谈判付出的交易成本时，客户就不会寻求中介帮助，或即使与中介签订交易契约，逃避支付佣金费用的概率也很大。

而同样地，对于客户而言，在服务质量得到保证的前提下，当然也是希望可以尽量少地支付服务佣金。虽然房地产中介是专业人士，拥有大量的市场信息和较低的搜索成本，

---

① 周娟. 双重道德风险下房地产中介佣金制度选择研究［D］. 大连：大连理工大学，2009.

但是作为经济人，当然是有利可图才会为客户提供服务。如果客户提供的佣金费用小于或接近于中介提供服务所需要的成本，那么中介就不会提供服务，即使提供服务也会产生偷懒行为。

2 有效激励原则

有效激励原则是指适当的房地产中介佣金制度应该能够调动交易双方参与的积极性。要达到有效激励原则，需要满足两个条件：第一，客户在他所选择的佣金制度下所获取的收益应大于客户选择其他佣金制度所获取的收益；第二，中介选择的佣金制度所获取的收益应大于中介选择其他佣金制度的收益。不同的佣金制度下，中介和客户的收益是不同的，因而双方参与的积极性也是不同的，要使中介和客户积极地参与，就需要选择一种使双方各自收益达到最大的佣金制度。

对于客户来说，持有房屋虽然是有收益的，同时也是有成本的，但是既然客户对房屋的处理方式是交易而非保留，就可以说明房屋的持有成本大于收益。对于客户来说，选择向中介寻求帮助，就说明单位时间内中介通过搜索带来的房屋成交价的增加大于持有房屋的成本，客户的收益为房屋成交价为佣金费用之差，从客户的角度当然是希望房屋成交价越高越好，而佣金费用越低越好。

而对于中介来说，中介获取的收益为佣金费用与搜寻成本之差，与客户相反，中介希望佣金费用越高越好，而搜寻成本越低越好，但是搜寻成本又与房屋的成交价直接相关，较低的房屋搜寻成本就意味着中介有偷懒的可能，房屋的成交价也将随之降低。由此可见，中介和客户的收益是相互联系的，甚至是有些矛盾的。

3 一致性原则

一致性原则是指中介的努力方向应该和客户的利益一致。在房地产交易过程中，中介是以房屋双方代理人的角色出现，也就是说，中介是代表客户进行交易的，中介所选择的行动应该以客户所希望他选择的那样去行动。但事实上，在不同的佣金制度下，中介所选择的行动是不同的。中介在交易的过程中，很多时候并不会完全从客户的角度出发考虑问题，而是以自身的利润最大化为目标来采取行动。同样地，作为委托方的客户也一样，在不同的佣金制度下，可能采取的行动是不同的，有时为了达到自身利益最大化甚至会以损害中介利益为代价。

一致性原则要强调的就是对于佣金制度的选择，要考虑到可以使中介和客户所选择的行动应该不仅仅是以最大化自身利益为目标，还需要以最大化对方利益为目标的行动。佣金制度的选择必须将中介的和客户的利益联系在一起，使双方的利益一致，这样才能避免双方产生仅仅利己的行为。

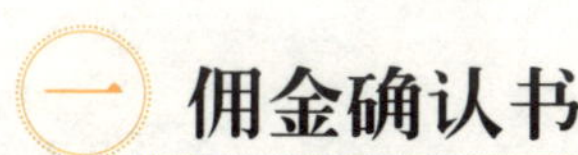

一 佣金确认书

佣金确认书

物业名称:		委托方姓名:	
物业地址:			
交易类型: □出售 □买入 □出租 □承租			
成交金额(大写):			
佣金金额(大写):			
支付日期: ________年_____月_____日前			

现经居间方＿＿＿＿＿＿＿＿推介客户完成上述物业的租/售业务。委托方＿＿＿＿＿＿＿＿承诺按上述支付日期向居间方支付上述佣金。本确认书一式两份，双方各执一份，经双方签字盖章后生效。

委　托　方：＿＿＿＿＿＿　　居　间　方：＿＿＿＿＿＿
代理人签字：＿＿＿＿＿＿　　置业顾问：＿＿＿＿＿＿
电　　　话：＿＿＿＿＿＿　　电　　话：＿＿＿＿＿＿
签 署 日 期：＿＿＿＿＿＿　　签署日期：＿＿＿＿＿＿

备注：

1. 非现金方式支付佣金的，支付日期以汇出凭证日期为准，请委托方在汇款后及时将汇款凭证传真至＿＿＿＿＿＿＿＿＿＿＿＿＿＿＿＿。（FAX：＿＿＿＿＿＿）

2. 收到委托方佣金款项的汇款后，居间方＿＿＿＿＿＿＿＿＿＿将出具收款凭证。

请委托方根据支付日期及时付款，若未经乙方同意无故延期，居间方＿＿＿＿将有权追索滞纳金，滞纳金按佣金的0.05%/日收取。

超过规定期限交纳税费时所附加的罚款。

二 折佣书

佣金打折申请表

成交日期：

成交编号：			居间合同编号：		
物件地址：					
类别	姓名	应付服务费（RMB）	折扣后服务费	承办人	业绩比例（%）
房东方					

续 表

客户方					
折扣原因：					
承办人签字：			业务主管签字：		
法务签字：			公司高阶主管签字：		

三 收佣收据

佣金收据

兹收到________支付的出售/购买_______市_______区_______路_______弄_______支弄_______号______室房屋的中介服务费人民币______元整（大写______万______仟______佰______拾_____元_____角_____分）。

收取人：

时　间：

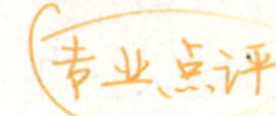

两大案例说明中介佣金收取标准

案例1　买卖合同未实际履行，中介公司能否收佣金

案情：

小赵经某房产中介公司居间介绍，与房屋出售人小朱签订了房屋买卖协议。协议签订后，小赵向小朱支付了定金5万元。但在办理按揭贷款时，银行因小赵资信等级较低，降低

了小赵的贷款额度，小赵因此无法按时足额向小朱支付房款，只能放弃了此次交易。好在小朱人不错，双方经过协商解除了房屋买卖协议，并对小赵已经支付的5万元作出以下处理：1万元作为违约金归小朱所有，1万元作为中介公司的佣金由小朱代为支付，剩余的3万元小朱1个月内返还给小赵。第二天小朱就向房产中介公司支付了1万元，中介公司也给小朱出具了收条：今收到朱某某代赵某某交来的某某房屋的佣金人民币一万元整。不料，小赵事后反悔，要求中介公司返还佣金，中介公司当然予以拒绝。双方又经有关部门调解，还是未能达成一致意见。小赵即提起了民事诉讼。

案例结果：返还佣金的诉讼请求最终未能获得法院的支持

经房屋中介公司的居间活动，小赵和小朱已签订了房屋买卖协议，合同既已成立，居间方即完成了居间义务，有权收取相应的佣金。至于该协议最终未能履行完毕，是因小赵单方原因所致，且在小赵和小朱的关于解除房屋买卖协议的约定中，也明确定金中的1万元作为佣金由小朱代为支付，所以中介公司收取1万元佣金，是有合法依据的。小赵的诉讼请求最终未能获得法院的支持。

案例分析：促成合同成立的，委托人应当按照约定支付中介报酬

根据我国《合同法》的规定，居间人促成合同成立的，委托人应当按照约定支付报酬。在本案中，要判断中介公司能否收取小赵的1万元佣金，则首先要判断中介公司是否已经促成合同成立，即如何认定“合同成立”。对此，实践中有不同观点。一种观点认为买卖双方签订了买卖合同，即可认定中介公司促成合同成立，居间行为履行完毕，中介公司有权收取相应的报酬。如本案的小赵和小朱签订了房屋买卖协议，协议一经双方签字或盖章即依法成立，中介公司完全可以收取佣金；小赵称双方虽签订了买卖协议，但还未签订正式房屋买卖合同，故双方买卖合同未成立。很显然小赵的理由是不成立的，因为双方的买卖协议已经涵盖了房屋买卖合同的全部内容，未采用相应的示范文本并不影响该协议的法律效力。另一种观点则认为，基于房屋买卖的特殊性，买卖合同的签订并不代表双方的交易可以实际履行，故只有买卖双方完成了相应的房地产过户登记手续，才能视为促成合同成立。依此观点，由于小赵和小朱的买卖协议实际未履行，小赵没有支付房款，小朱也没有将房屋产权过户至小赵名下，则中介公司的居间义务尚未完成，还不能收取佣金。

笔者认为，我国《合同法》关于居间合同的规定的外延远远大于房屋居间活动，相关条文的设计也未考虑房屋居间活动的特殊性。从法律条文的字面意思理解，房屋买卖合同成立后中介公司即可收取佣金，而对“合同成立”的理解，依据我国《合同法》的规定，

自双方签字或盖章之日起成立。因此，本案中的房屋中介公司有权收取佣金。换个角度看，小赵和小朱的房屋买卖协议未能履行完毕是小赵单方原因所致，其在与小朱的解约协议中也明确同意向中介公司支付佣金，事后又反悔要求中介公司返还佣金，有违诚实信用原则。因此，买卖合同未能履行的原因和买卖双方及中介公司在交易中的行为是否符合诚实信用原则也是处理这类纠纷的重要依据。

房屋买卖的过程是个动态的过程，从买卖合同的签订到产权过户的完成，需要相对较长的期限。为了确保交易的最终完成，也是为了保护自身的合法权益，笔者建议在与房屋中介公司签订居间协议或委托协议的过程中，不妨对居间费用或报酬作分阶段的约定，交易每完成一步，中介公司可以收取相应的费用，产权过户完成后，中介公司可以收取全部报酬。

可供参考的法律法规：

《中华人民共和国合同法》第426条　居间人促成合同成立的，委托人应当按照约定支付报酬。对居间人的报酬没有约定或者约定不明确的，依照本法第61条的规定仍不能确定的，根据居间人的劳务合理确定。因居间人提供订立合同的媒介服务而促成合同成立的，由该合同的当事人平均负担居间人的报酬。

《中华人民共和国合同法》第32条　当事人采用合同书形式订立合同的，自双方当事人签字或者盖章时合同成立。

《中华人民共和国合同法》第33条　当事人采用信件、数据电文等形式订立合同的，可以在合同成立之前要求签订确认书。签订确认书时合同成立。

案例2　房屋买卖合同没签成，中介以买卖双方违约，要求双方按佣金金额支付违约金是否可以

案情：

2004年6月，毛小姐为了购买住房，与某房产中介公司签订了一份《房地产买卖居间协议》，约定由中介公司作为居间人将庄先生坐落于浦明路的一套房屋介绍给毛小姐，房款为人民币245万元，双方在《协议》中约定了付款方式、意向金的数额及处理办法等事项。其中，还在第十条约定：“由于毛小姐的原因导致房地产买卖合同未签订的，毛小姐应向中介公司支付总房款1%的违约金。”协议签订后，毛小姐按约支付给中介公司意向金5000元。后由于毛小姐与上家庄先生在付款问题上不能达成一致意见，买卖合同没有签成。中

介公司遂诉至法院，以毛小姐拒绝签订买卖合同为由，请求判令毛小姐按照约定支付违约金24500元。

案例分析：

疑问1：中介公司与毛小姐签订的《房地产买卖居间协议》第十条约定的“由于毛小姐的原因导致房地产买卖合同未签订的，应向中介公司支付总房款1%违约金”是否有效?

法院经审理后认为，《中华人民共和国合同法》第40条规定：“提供格式条款一方免除其责任、加重对方责任、排除对方主要权利的，该条款无效。”本案中，《房地产买卖居间协议》系中介公司提供的格式条款，其中第十条约定的内容，剥夺了买卖双方进一步协商的权利，意味着房屋买卖必须成交，否则委托人即应承担违约责任。而中介公司却使自己居于无论居间行为是否成功均可获得相应报酬的有利地位，显与当事人应当遵循公平原则确定各方的权利和义务的法律规定相悖，故该约定的条款无效。中介公司依此收取违约金的主张不受法律保护。

疑问2：中介公司在被毛小姐及案外人因故未签订《房地产买卖合同》时，是否可收取相应费用?

《中华人民共和国合同法》规定：“居间人促成合同成立的，委托人应当按照约定支付报酬。”“居间人未促成合同成立的，不得要求支付报酬，但可以要求委托人支付从事居间活动支出的必要费用。”鉴于房地产居间人在居间活动中往往要为委托人提供权籍调查、使用情况调查、行情调查、确定成交意向、订立交易合同等基本服务内容，而要完成这些服务内容，居间人需有一定的经济成本支出。因此，中介公司在毛小姐与上家签订《房地产买卖合同》之前，只能向毛小姐要求其进行居间活动所支出的经济损失。

第四章 >

保障买卖双方履行权责——

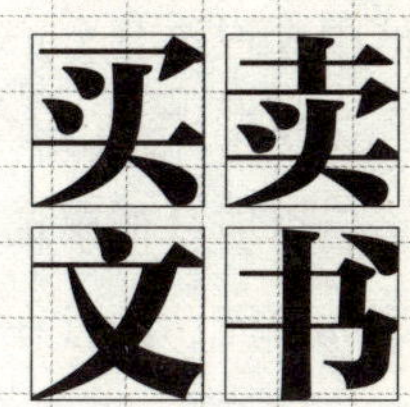

房地产买卖合同大量存在并且情况复杂，在我国该类合同仅适用《合同法》，还不足以对买受人构成很完善和充分的保障，除《合同法》还有其他的法律法规和司法解释进行补充。

误区·法律·根据

减少纠纷、平衡经济利益，作为开发商与购房人之间签订的最重要的法律文件——商品房买卖合同的签订和履行，显得尤为重要。

解读中介买卖合同中的误区①

误区1：为了方便，签订空白买卖合同

李小姐经朋友介绍，去某中介公司看房后拟购买一套房产，但因为卖家不在现场，又轻信中介说这套房产很多人在抢，因为急于购买所以在中介提供的一份空白合同上签了名字，还交了5万元定金，该合同中仅仅填上了价格230万元，其他都未填写。中介称等找到业主后再填其他事项。可没想到，等李小姐拿到卖家签好字的合同时，里面的定金竟然填上了50万元，并且在三日内就要补足，等李小姐找中介理论，中介只推说业主就是这个意见，否则5万元的定金就要当违约金被没收掉。

① 王相阳. 浅谈《中介买卖合同》的漏洞及提示［DB/OL］.［2010］. http://news.szhome.com/55880.html.

可见，如果草率签订空白合同是会留下很大的后遗症和风险的，望置业者们慎重，切勿落入空白合同的陷阱。

误区2：中介合同制订完善全面

针对中介出具的合同，很多通过中介买房的人都提到一个普遍性的问题，合同中没有具体的履行期限。

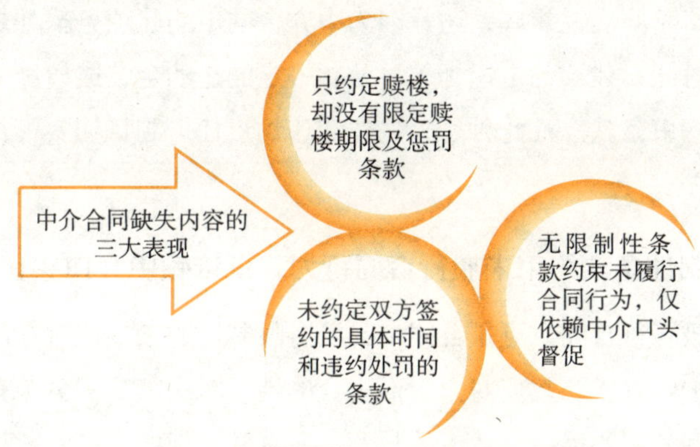

中介合同缺失内容的三大表现

表现1：只约定赎楼，却没有限定赎楼期限及惩罚条款

对此，中介通常会引导负责赎楼的一方另行与担保公司签订一份《赎楼协议》，把赎楼的责任推向另一合同关系中，即使赎楼环节出现问题，中介也能推卸责任，且不需要承担任何风险。同时，由于买卖合同与赎楼合同相互脱节，往往出现买卖各方无法进行实际监控的局面。一般来说，赎楼首先要由原业主向银行申请提前还款，银行通常也要求提前一个月申请，这样，至少要把申请的期限预留在赎楼的期限里。整个周期下来，常常需要45天的时间。另外，如果再加上办理赎楼的公证手续，买卖双方签订《赎楼协议》等环节，以及赎楼后签订正式买卖合同，递件过户的15天左右时间，一套房产的过户往往需要60天的时间才能办理完毕。

由此可见，如果在办理赎楼的过程中限定一个明确的期限，并且约定如果期限届满尚未完成赎楼的，无过错方可以以对方违约为理由单方解除合同，卖方可以没收定金（或买方要求双倍返还定金）。这样，对于有效监督赎楼过程并充分行使合同权利，保护诚信者利益，是必要的且合理的。

表现2：未约定双方签约的具体时间和违约处罚的条款

一般中介合同中注明“双方在完成赎楼后7日内签订正式买卖合同并递件过户”或“在何时以前签订正式买卖合同并递件过户”的约定，但如果一方拒不配合，哪个条款能制约呢？对此往往会采取打电话、发短信，甚至发函通知等措施，实际上此类做法往往收效甚微，一是缺乏对方的签收及认可而显得证据效力不强；二是证据形式不规范很难被采信；三是极大的浪费时间。说到底，还是因为中介合同中的此项条款都是非强制性约定，也缺乏可操作性。对此，建议约定迟延一日处罚一定的违约金，或超过一定的期限能否单方解除合同等类似约束条款。凡此种种，只要在违约责任上制订切实可行的条款，都将会极大地约束买卖双方。

表现3：无限制性条款约束未履行合同行为，仅依赖中介口头督促

对方如未能积极履行合同，可是合同中又没有限制性的条款或对守约方有利的权利条款，通常是多次寻求中介人员敦促对方，而中介的性质本来就是服务于双方的，不可能有制约一方的合同权利，更不能行使裁决的权利，所以其敦促的程度和效果有限。在一般房产买卖纠纷的诉讼中，法院往往会担心中介存在偏袒一方的可能，而不充分认定中介证明的证据效力。所以，合同本身的约定固然重要，但双方履约过程的证据更为重要，它能够直接反映一方是否信守合同约定履行义务。所以，建议双方完全可以签署流程单式的履约承诺书，如果一方不履行或未完全履行，是否违约即见分晓。

误区3：轻信中介关于贷款比例及利率的口头承诺引起纠纷

在办理银行贷款时，经常会出现这样的情况，中介公司经业务员现场给银行打电话现场咨询后，一口保证能够申请到8成贷款及7折汇率，所以双方就签订了2成首付，8成贷款的中介合同，但随着政策的调整，8成贷款根本贷不下来，而定金又已交，一时陷入困境。在多数人的经历中，都在无奈之下找中介来处理，中介都是推脱责任，不承认承诺过一定能够申请到贷款，只表示“争取”。这样问题就出现了，一方面贷款出现障碍；另一方面，卖家也不会同意，必然会面临损失定金的风险。对此，专业人士提醒，在没有查实贷款比率及利率的情况下，千万别轻信中介的口头承诺，而是要在合同中注明：如果无法取得合同约定的贷款额，买方可以单方解除合同，卖方即应返还定金。

误区4：轻信关于房款20%的违约赔偿

很多中介的合同中，违约条款都设置为“有权选择定金罚则或要求房款20%的违约金”，为此，很多朋友一看到对方有违约的情况，几乎都打起了20%房款违约金的算盘，却没有想到，双方在合同签订时已经依照了定金法则在操作，都是收取（或支付）了定金，这样，即使在一方违约的情况下，法院自然会依照双方实际履行的定金罚则来判决，而不会依照违约金来判。可以想象，法律设立违约金制度一方面是保证合同履行，另一方面是保障因违约造成的损失。就一个买卖合同违约的事实看，房产并未交付，也不可能造成重大损失，怎么可能会被判决支付房款20%（按照房价一般都超过20万～30万元）的违约金，如此判决岂不比炒房的投资回报率更高，更助长了投机心理。

律师多次就此条款与法官探讨，对方几乎都答复说不可能这样简单，基于公平原则，法官也会明示被告是否要求降低违约金比例，所以，即使没有收取定金，也仅仅会基于法官的自由裁量权判处适当的违约金。

误区5：中介监管的“水电押金”等同于中介费

购房者在最初签订中介买卖合同时，都或多或少地以“水电押金”的形式，将部分定金押在中介公司。而到双方协商解除合同或单方解除时，中介公司是根本不会退还该款的，理由是中介费没有收到，除非双方交了中介费，否则不可能交给一方。中介还以“双方托管”的名义为借口，并称自己没有处理的权利等。总之，这部分款实际上变成了预留的中介费。所以，关于该项“水电押金”提前收取是否有必要，许多专业人士认为既不科学，也不合理。

二 房屋买卖合同效力认定的法律根据[①]

房屋买卖合同属民事买卖合同的范畴，其性质为民事法律行为，认定效力的目的在于解决是否受法律保护的问题，其社会效益是维护交易的安全和信誉。目前，房屋买卖合同效力认定的根据主要是国务院发布的《城市私房管理条例》和我国立法机关颁布的《民法通则》。其一，房屋买卖合同的形式要件问题，亦即买卖房屋协议是口头或书面均可，还是必须采用书面形式。根据《条例》第6条第（二）项规定，购买房屋办理过户登记时，“须提交房屋所有权证、买卖合同和契证”。显然，买卖房屋协议是以书面合同为其成立的要件。要求书面形式的要件关键是要认定房屋买卖合同是诺成性合同，而非实践性合同。只要买卖房屋合同当事人以书面形式订立合同即为合同成立并是有效的条件之一，不允许当事人一方随意翻悔。这一规定对当事人因房价过高或过低等不合理、不合法原因毁约起到了有效的防范作用。其二，房屋买卖合同有效成立的实质法律依据问题，亦即一项合法、有效房屋买卖民事法律行为成立须同时具备的条件。根据《民法通则》第50条之规定为：第一，行为人具有相应的民事行为能力；第二，意思表示真实；第三，不违反法律和社会公共利益。由此可见，一项具体的房屋买卖合同只要符合上述形式要件和实质要件就在特定当事人之间产生了不可撤销的特定权利和义务关系，任何一方不得随意翻悔，若不履行便会产生法律的后果（或按违约制裁或按继续强制履行处理）。

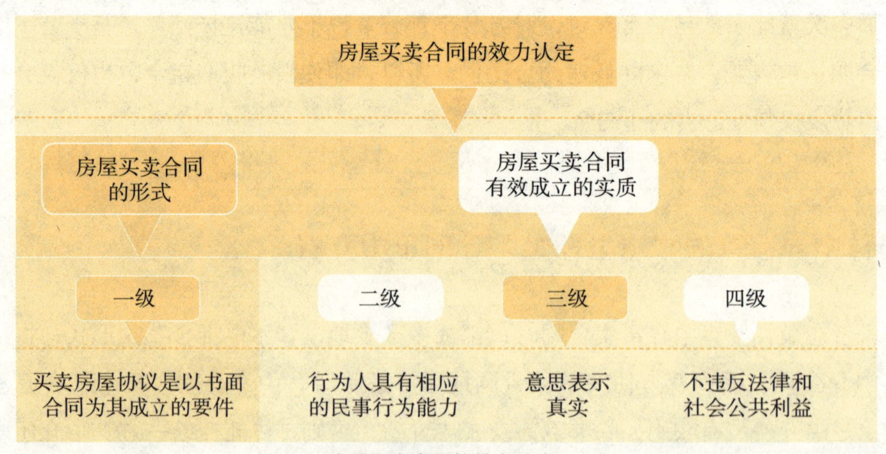

房屋买卖合同的效力认定

① 佚名.浅析房屋买卖合同效力及其履行[DB/OL].[2012].http://www.examda.com/fdc/Theory/Guide/20080808/100627376.html.

一 上海市房地产买卖合同

1 上海市房地产买卖合同

上海市房地产买卖合同

特别告知（一）

一、本合同是上海市房屋土地资源管理局、上海市工商行政管理局根据《中华人民共和国合同法》和《上海市房地产转让办法》共同制定的示范文本。

二、除房地产开发企业预售、出售商品房，公有住房出售外，其余房地产买卖均可适用本合同。

三、双方当事人应按自愿协商、公平的原则订立合同。房地产买卖是一种民事法律行为，涉及的标的额较大、专业性较强、法律规范较多，双方当事人订立房地产买卖合同时，应注意以下问题：

1. 共有人的权利。房地产权利登记分为独有和共有，共有指两个以上权利人共同拥有同一房地产，买卖房地产签订合同时，房地产权证内的共有人应在合同内签字盖章。

原职工已购公有住房上市出售的，参加房改购房时的同住成年人应在合同附件五相关关系内表示同意出售，并签字盖章；因故无法在合同内签字盖章的，应出具同意出售的其他证明。

房地产权证内的权利人将房地产出售前，应与其配偶协商一致，出售后配偶再提出异议的，由权利人承担法律责任。

2. 定金。买卖合同定金是双方履行合同的担保，双方当事人可就定金数额、支付日期等在附件三付款协议内约定。

3. 房屋交接是卖售人按约定的日期和方式将房屋交付给买受人，买受人验收和接受的过程。双方当事人应在合同第四条明确交付和验收日期、选择交付的方式。

卖售人将原购入的商品住房出售的，开发公司提供的住宅质量保证书和住宅使用说明书应一并转移给买受人，买受人享有两书规定的权益。

4. 房屋质量。质量条款是买卖合同的必要内容，买卖的房屋应能保持正常使用功能。房屋超过合理使用年限后若继续使用的，产权人应委托具有相应资质等级的勘察、设计单位鉴定。

5. 房地产买卖合同签订前，买受人应向房地产交易中心查阅买卖房地产的有关登记(备案)资料，查验买卖的房地产上是否存在产权争议和其他权利限制，以维护自身权益。

6. 买卖已出租房屋的，卖售人应当在出售前三个月通知承租人，承租人在同等条件下有优先购买权。如承租人放弃优先购买权，买受人购房后应继续履行租赁合同，并与承租人签订租赁主体变更合同。

7. 买卖已抵押房地产的，卖售人应当事先书面通知抵押权人，并就有关事项协商一致，同时告知买受人房地产抵押的事实。

8. 房地产买卖后的土地使用权

（1）居住房屋

居住房屋出售，占用范围内的国有土地使用权随之转移。其中，房地产权证注明土地使用年限的，应在合同第三条第1项如实填写。

未补交土地出让金的花园住宅出售时，买受人应向市或区县房地局办理国有土地使用权出让手续，补交出让金，并选择合同第三条第2项。

（2）非居住房屋

该土地使用权以出让方式取得的，出售时占用范围内的国有土地使用权随之转移。当事人应选择合同第三条第1项，其中，房地产权证注明土地使用年限的，应如实填写。

按照法律法规、规章规定，划拨土地上房地产买卖，买受人应办理土地使用权出让手续，按规定缴纳土地使用权出让金，当事人应选择第三条第2项。

除上述情况外，《中华人民共和国土地管理法》规定了国有土地租赁和土地使用权作价入股等其他土地有偿使用形式，属此范围的，当事人应在第三条第3项内约定。

9. 集体所有土地上房屋的买卖对象。集体所有土地上的居住房屋未经依法征用，只能出售给房屋所在地乡（镇）范围内具备居住房屋建设申请条件的个人。非居住房屋只能出售给房屋所在地乡（镇）范围内的集体经济组织或者个体经营者。

10. 住房户口迁移。已投入使用的住房买卖，除房屋交接和权利转移外，住房内的原有户口是否及时迁出也会影响合同的履行。当事人可在补充条款内约定户口迁移条款。

11. 维修基金交割。根据《上海市居住物业管理条例》规定，房地产买卖合同生效之日起的十日内，当事人应将房地产转让情况书面告知业主管理委员会和物业管理单位，并办理房屋维修基金户名的变更手续，账户内结余维修基金的交割，当事人可在补充条款中约定。

四、为保障买卖双方自身权益，防范违规的房地产中介对当事人权益的侵害，凡委托具有房地产经纪资格的专业公司提供代理、居间介绍等服务的，受托居间介绍、代理的房地产经纪公司均应在附件六居间介绍、代理等中介服务情况中签字盖章；其中：委托人应将居间介绍的有关房地产经纪公司及执业经纪人情况在第一条内予以明示，以备与经纪公司、经纪人发生纠纷时作为投诉的依据。

五、为维护当事人合法权益，防止一房多卖，通过网上操作系统签订合同后，当事人应及时到房地产交易中心办理转让过户手续。

六、为方便当事人订立买卖合同补充条款，拟订下列范例，当事人可根据需要自由选择，范例未经当事人选取，不作为合同内容。

房地产权利保证条款范例：甲方保证，上述买卖的房地产不存在产权争议和其他人主张权利的情况。在本合同签订前，该房地产已存在的权利负担，乙方同意甲方按下述第____项处理：

1. 本合同生效后_____日内，甲方与抵押权人或者其他权利人注销他项权利的登记，逾期未注销的，乙方有权追索甲方的违约责任。

2. 在抵押权人或者其他权利人书面同意的前提下，乙方承认并继受该项权利，同意办理变更登记。

户口迁移条款范例：甲方承诺自上述房地产权利转移之日起的_____日内，向房屋所在地的公安派出机构办理原有户口迁出手续。如由于甲方未及时迁出户口造成乙方损失的，甲方承担赔偿责任。

七、《中华人民共和国仲裁法》规定了或裁或审制度，合同当事人一旦选择了仲裁，就意味着不能再向法院起诉。

八、买卖双方当事人签订房地产买卖合同，为保障将来实现物权，按照约定可以向登记机构申请预告登记。预告登记后，未经预告登记的权利人同意，处分该不动产的，不发生物权效力。预告登记后，债权消灭或者自能够进行不动产登记之日起三个月内未申请登记的，预告登记失效。

九、为保护买卖双方利益，通过网上操作系统签订合同后，系统将分别给予合同双方密码保护，请买卖双方妥善保存密码以备查验。

特别告知（二）

1. 买卖双方当事人在签订本合同前，应当知晓国家和本市住房限售规定，本合同约定的买卖双方当事人转让房屋应当符合限售规定。如购房人未如实提供家庭情况及家庭成员名下拥有的住房情况，应承担由此引起的“不予办理房地产登记”等一切法律责任及经济责任。

《上海市政府办公厅关于贯彻落实〈国务院办公厅关于进一步做好房地产市场调控工作有关问题的通知〉的实施意见》（沪府办发〔2011〕6号）第七条：“暂定在本市已有1套住房的本市户籍居民家庭、能提供自购房之日起算的前2年内在本市累计缴纳1年以上个人所得税缴纳证明或社会保险（城镇社会保险）缴纳证明的非本市户籍居民家庭，限购1套住房（含新建商品住房和二手住房）。对在本市已拥有2套及以上住房的本市户籍居民家庭、拥有1套及以上住房的非本市户籍居民家庭、不能提供2年内在本市累计缴纳1年以上个人所得税缴纳证明或社会保险（城镇社会保险）缴纳证明的非本市户籍居民家庭，暂停在本市向其售房。违反规定购房的，不予办理房地产登记。”

2. 购房人在签订本合同前，可以向财税部门、贷款银行咨询相关税收、信贷政策，了解房屋转让涉及的税费，慎重确定购房款支付方式。

上海市房地产买卖合同

（合同编号：×××××）

房地产买卖合同人

卖售人(甲方)：______________

买受人(乙方)：______________

根据中华人民共和国有关法律法规和本市有关规定，甲、乙双方遵循自愿、公平和诚实信用的原则，经协商一致订立本合同,以资共同遵守。

第一条　甲乙双方______________，由乙方受让甲方自有房屋及该房屋占用范围内的土地使用权（以下简称房地产），房地产具体状况如下：

1. 甲方依法取得的房地产权证号为：______________。

2. 房地产坐落：________________室号（部位：________），房屋类型：________，结构：________。

3. 房屋建筑面积：______平方米，另有地下附属面积：______平方米，该房屋占用范围内的土地使用权______平方米。

4. 房屋平面图和房地产四至范围见(附件一)。

5. 该房屋占用范围内的土地所有权为______；国有土地使用权以______方式获得。

6. 随房屋同时转让的设备（非房屋附属设备）及装饰情况见附件二。

7. 甲方转让房地产的相关关系(包括抵押、相邻、租赁等其他关系)见附件五。

甲方保证已如实陈述房地产权属状况、设备、装饰情况和相关关系，乙方对甲方上述转让的房地产具体状况充分了解，自愿买受该房地产。

第二条　甲、乙双方经协商一致，同意上述房地产转让价款共计人民币________元，(大写)：______________

乙方的付款方式和付款期限由甲、乙双方在付款协议（附件三）中约定明确。乙方交付房价款后，甲方应开具符合税务规定的收款凭证。

第三条　甲方转让房地产时，土地使用权按下列第______款办理。

它是政府将土地使用权出让给土地使用者，并向受让人收取的政府放弃若干年土地使用权的全部货币或其他物品及权利折合成货币的补偿。

1. 该房屋占用的国有土地使用权的使用年限从______年______月______日起至______年______月______日止。甲方将上述房地产转让给乙方后，出让合同载明的权利、义务一并转移给乙方。

2. 按照中华人民共和国法律法规、规章及有关规定，乙方应当办理土地使用权出让手续并缴纳土地使用权出让金。

3. ____

第四条　甲、乙双方同意，甲方于____年____月____日前腾出该房屋并通知乙方进行验收交接。乙方应在收到通知之日起的____日内对房屋及其装饰、设备情况进行查验。查验后__________________________为房屋转移占有的标志。

第五条　甲方承诺，自本合同签订之日起至该房屋验收交接期间，凡已纳入本合同附件二的各项房屋装饰及附属设施被损坏或被拆除的，应按被损坏或被拆除的房屋装饰及附属设施____向乙方支付违约金。

第六条　甲、乙双方确认，在____年____月之前，____________向房地产交易中心申请办理转让过户手续。

上述房地产权利转移日期以_________房地产交易中心受理该房地产转让过户申请之日为准。

甲方承诺，在乙方或者委托他人办理转让过户时，积极给予协助。由于甲方故意拖延或者不及时提供相关材料的，乙方按本合同第十条追究甲方的违约责任。

甲、乙双方同意，自本合同签订后，甲乙双方或其中一方均有权向房地产登记机构办理预告登记。

第七条　上述房地产风险责任自该房地产____之日起转移给乙方。

第八条　本合同生效后，甲、乙双方应按国家及本市的有关规定缴纳税、费。

在上述房地产转移占有前未支付的物业管理费、水、电、燃气、通信费等其他费用，按本合同附件四约定支付。

第九条　乙方未按本合同约定期限付款的，甲、乙双方同意按下列第_________款内容处理。

1. 每逾期一日，乙方应向甲方支付逾期未付款的____%的违约金，合同继续履行。

2. 乙方逾期未付款，甲方应书面催告乙方，自收到甲方书面催告之日起的_____日内，乙方仍未付款的，甲方有权单方解除合同，并书面通知乙方，自收到通知之日起的_____日内乙方未提出异议，合同即行解除。甲方可从乙方已付款中扣除乙方应向甲方支付逾期未付款_____%的违约金，余款返还给乙方，已付款不足违约金部分，乙方应在接到书面通知之日起_____日内向甲方支付。若乙方违约给甲方造成经济损失的，甲方实际经济损失超过乙方应支付的违约金时，实际经济损失与违约金的差额应由乙方据实赔偿。

3. ____

第十条　甲方未按本合同第四条约定期限交接房地产的，甲、乙双方同意按下列第________款内容处理。

1. 每逾期一日，甲方应向乙方支付已收款____%的违约金，合同继续履行。

2. 甲方逾期未交付房地产，乙方应书面催告甲方，自收到乙方书面催告之日起的_____日内，甲方仍未交付房地产的，乙方有权单方解除合同，并书面通知甲方，自收到通知之日起的_____日内甲方未提出异议，合同即行解除。甲方除应在收到书面通知之日起_____日内向乙方返还已收款和利息(自乙方支付房款之日起至解除合同之日止)外，还应按已收款的_____%向乙方支付违约金。若甲方违约给乙方造成经济损失的，乙方实际经济损失超过甲方应支付的违约金时，实际经济损失与违约金的差额应由甲方据实赔偿。

3. ____

第十一条　经甲、乙双方协商一致，在不违反有关法律法规的前提下，订立的补充条款或补充协议，为买卖合同不可分割的一部分。本合同补充条款与正文条款不一致的，以补充条款为准。

第十二条　本合同自__________________________之日起生效。

第十三条　本合同适用中华人民共和国法律法规。甲、乙双方在履行本合同过程中发生争议的，可以协商解决，也可以向有关部门申请调解，或选择以下第_____项方式解决。

1. 向上海仲裁委员会申请仲裁。

2. 依法向__________人民法院起诉。

第十四条　本合同一式____份，甲、乙双方各执____份，____、____和____房地产交易中心各执一份。

补充条款（一）

（粘贴线）　　　　　　　　　　（骑缝章加盖处）

（略）

补充条款（二）

在签订本合同时，甲、乙双方均已知晓国家和本市住房限售规定，如因违反限售规定，房地产交易中心不予办理房地产登记，并出具《不予办理房地产交易、过户通知》的，甲、乙双方同意按下列约定处理：

1. 双方共同办理合同网上备案撤销等解除本合同手续；

2. 因未如实提供家庭情况及家庭成员名下拥有的住房情况等属于乙方责任，（造成甲方经济损失的，乙方应赔偿相应的损失）乙方应承担违约责任，违约金为人民币______________元。

附件一

房屋平面图及房地产四至范围

（粘贴线）　　　　　　　　　　（骑缝章加盖处）

（略）

附件二

随房屋同时转让的设备、装饰情况及处理

（粘贴线）　　　　　　　　　　（骑缝章加盖处）

设备：____

装饰：____

关于设备及装饰费用按以下第______款办理：

（一）以上所列设备和装饰费用包含在本合同第二条约定的房地产转让价款内，乙方不需另外支付费用，甲方不得拆除并应随房屋交付乙方。

（二）以上所列设备和装饰费用未包含在本合同第二条约定的房地产转让价款内，乙方需另外支付费用人民币________元，在本合同第四条约定的房屋验收交接时，由乙方向甲方支付，甲方不得拆除并应随房屋交付乙方。

附件三

付款协议

（粘贴线）　　　　　　　　　　（骑缝章加盖处）

（略）

附件四

物业管理费、水、电、煤、电讯等其他费用的支付

（粘贴线）　　　　　　　　　　（骑缝章加盖处）

物业管理费、水、电、煤、电讯等费用，在转移占有前未支付和未结算的费用由甲方承担；转移占有后，使用该房地产所发生的费用均由乙方承担。

甲方在本合同第四条约定的房屋验收交接后，与乙方共同办理水、电、燃气、电话、有线电视等过户手续。物业维修基金、水、电、有线电视、电话、燃气初装费按以下第____款办理：

（一）由甲方无偿转让给乙方，乙方无须另外支付费用。

（二）由乙方另行向甲方支付，具体金额由甲、乙双方办理过户手续时以各相关部门规定为准。

附件五

相关关系（包括租赁、抵押、相邻等其他关系）和户口迁移

（粘贴线）　　　　　　　　　　（骑缝章加盖处）

已购公房参加房改购房时的同住成年人意见：

同意出售上述房屋。

（签章）

（签章）

（签章）

（签章）

租赁情况：______

抵押情况：______

相邻关系：______

附件六

居间介绍、代理等中介服务情况

（粘贴线）	（骑缝章加盖处）
居间介绍、代理的房地产	居间介绍、代理的房地产
经纪公司：（章）	经纪公司：（章）
联系地址：	联系地址：
联系电话：	联系电话：
房地产执业经纪人姓名：	房地产执业经纪人姓名：
房地产经纪人执业证书号：	房地产经纪人执业证书号：
联系电话：	联系电话：
居间介绍、代理内容：	居间介绍、代理内容：
代理委托方：　　方	代理委托方：　　方

甲方（一）：	乙方（一）：
身份证：	身份证：
居住地址：	居住地址：
邮政编码：	邮政编码：
代理人：	代理人：
联系电话：	联系电话：
本人签名：	本人签名：
年　月　日签于：	年　月　日签于：

网上合同签订时间：

2 上海市房地产买卖合同[①]

上海市房地产买卖合同

特别告知

一、本合同是上海市房屋土地资源管理局根据《中华人民共和国合同法》和《上海市房地产转让办法》制定的示范文本。

二、合同当事人委托监管机构对房地产交割进行监管的存量房地产买卖适用本合同。

三、合同内的空格由买卖双方当事人商定后确定。

四、房地产买卖是一项民事法律行为，涉及的标的额较大、专业性较强、法律规范较多，双方当事人订立房地产买卖合同时，应注意以下问题：

1. 买卖房地产签订合同时，房地产权证书记载的共有人应在合同上签字盖章。

房地产权证书记载的共有人在出售房地产前，应与其配偶协商一致，出售后配偶再提出异议的，由该共有人承担法律责任。

2. 房屋交接是出卖人按约定的日期和方式将房屋交付给买受人，买受人验收和接受的过程。双方当事人应在合同第四条明确交付和验收日期、选择交付的方式。

3. 质量条款是买卖合同的必要内容，买卖的房屋应能保持正常使用功能。出售超过合理使用年限的房屋，产权人应委托具有资质的房屋检测机构对房屋安全进行鉴定。

4. 房地产买卖合同签订前，出卖人应向买受人提交买卖房地产的有关登记资料查阅证明，买受人应当查验买卖的房地产上是否存在产权争议和其他权利限制，以维护自身权益。

5. 买卖已出租房屋的，出卖人应当在出售前三个月通知承租人，承租人在同等条件下有优先购买权。如承租人放弃优先购买权，买受人购房后应继续履行租赁合同，并与承租人签订租赁主体变更合同。

6. 房地产买卖后的土地使用权

房屋出售，其占用范围内的国有土地使用权随之转移。其中未补交土地出让金的花园住宅和划拨土地上非居住房地产买卖的，买受人应向市或区（县）房地产管理部门办理国

① 本合同适用于有资金的情况时使用。

有土地使用权出让手续，补交出让金。

房地产权证书注明土地使用年限的，当事人应在合同第三条第(一)项如实填写；按规定缴纳土地使用权出让金，当事人应选择第三条第(二)项。

7. 集体所有土地上的居住房屋未经依法征用，只能出售给房屋所在地乡（镇）范围内具备居住房屋建设申请条件的个人。非居住房屋只能出售给房屋所在地乡（镇）范围内的集体经济组织或者个体经营者。

8. 已投入使用的居住房屋买卖，除房屋交接和权利转移外，住房内的原有户口是否及时迁出会影响买受人权益。当事人可在补充条款内约定户口迁移条款。

9. 根据上海市居住物业管理的有关规定，房地产转让后，当事人应将房地产转让情况书面告知业主管理委员会和物业管理单位，并办理房屋维修基金户名的变更手续，账户内结余维修基金的交割，当事人可在补充条款中约定。

五、当事人在签订买卖合同前应当查阅房地产交割监管合同。

六、《中华人民共和国仲裁法》规定了或裁或审制度，合同当事人一旦选择了仲裁，就意味着不能再向法院起诉。

七、为保护买卖双方利益，通过网上操作系统签订合同时，系统将要求买卖双方分别设置合同密码，请买卖双方妥善保存，以备日后修改或撤销本合同时校验。

上海市房地产买卖合同

（合同编号：　　　）

立房地产买卖合同人

出卖人(甲方)：

买受人(乙方)：

根据中华人民共和国有关法律法规和本市有关规定，甲、乙双方遵循自愿、公平和诚实信用的原则，经协商一致订立本合同，以资共同遵守。

第一条　甲乙双方【未通过经纪机构居间介绍】【通过____公司居间介绍（房地产执

业经纪人：______，经纪人执业证书号：____________）】，由乙方受让甲方拥有的房屋及该房屋占用范围内的土地使用权（以下简称房地产），房地产具体状况如下：

1. 甲方依法取得的房地产权证号为：__________________________。

2. 房地产坐落：____；

房屋类型：________________________；结构：______________________________。

3. 房屋建筑面积____________平方米，该房屋占用范围内的土地使用权（面积/分摊面积）__________平方米。

4. 房屋平面图和房地产四至范围见附件一。

5. 该房屋占用范围内的土地所有权为国有/集体所有；国有土地使用权以出让/划拨/__________方式获得。

6. 随房屋同时转让的设备（非房屋附属设备）及装饰情况见附件二。

7. 甲方转让房地产的相关关系(包括抵押、相邻、租赁等其他关系)见附件五。

甲方保证已如实陈述房地产权属状况、设备、装饰情况和相关关系，乙方对甲方上述转让的房地产具体状况充分了解，自愿买受该房地产。

第二条　甲、乙双方经协商一致，同意上述房地产转让价款为人民币计________元，(大写)：___万___仟___佰___拾元。

乙方的付款方式和付款期限由甲、乙双方在付款协议（附件三）中约定明确。乙方交付房价款后，甲方应开具符合税务规定的收款凭证。

第三条　甲方转让房地产时，土地使用权按下列第_____款办理。

1. 该房屋占用的国有土地使用权的使用年限从_____年____月____日起至_____年_____月_______日止。甲方将上述房地产转让给乙方后，出让合同载明的权利、义务一并转移给乙方。

2. 按照中华人民共和国法律法规、规章及有关规定，乙方应当办理土地使用权出让手续并缴纳土地使用权出让金。

3. ____

____

____

第四条　甲、乙双方同意，甲方于____年____月____日前腾出该房屋并通知乙方进行验收交接。乙方应在收到通知之日起的____日内对房屋及其装饰、设备情况进行查验。查验后签订房屋交接书/甲方将房屋钥匙交付给乙方/________为房屋转移占有的标志。

第五条　甲方承诺，自本合同签订之日起至该房屋验收交接期间，凡已纳入本合同附件二的各项房屋装饰及附属设施被损坏或被拆除的，应按被损坏或被拆除的房屋装饰及附属设施估值_____倍/价值________元向乙方支付违约金。

第六条　甲、乙双方确认，在___年___月___日之前，甲乙双方共同/委托甲方/委托乙方/委托__________向房地产交易中心申请办理转让过户手续。

上述房地产权利转移日期以_____________市/区/县房地产交易中心受理该房地产转让过户申请之日为准，但房地产交易中心依法作出不予过户决定的除外。

甲方承诺，在乙方或者委托他人办理转让过户时，积极给予协助。由于甲方故意拖延或者不及时提供相关材料的，乙方按本合同第十条追究甲方的违约责任。

第七条　上述房地产风险责任自该房地产权利转移/转移占有之日起转移给乙方。

第八条　本合同生效后，甲、乙双方应按国家及本市的有关规定缴纳税、费。

在上述房地产转移占有前未支付的物业管理费、水、电、燃气、通信费等其他费用，按本合同附件四约定支付。

第九条　乙方未在本合同规定期限内将转让价款解交监管账户的，甲、乙双方同意按下列第________款内容处理。

1. 每逾期一日，乙方支付本合同第二条约定转让价款___%的违约金，合同继续履行。

2. 乙方逾期____日未将转让价款解交监管账户的，甲方有权单方解除合同，乙方应向甲方支付本合同第二条约定转让价款____%的违约金。若乙方违约给甲方造成经济损失且甲方实际经济损失超过乙方应支付的违约金时，实际经济损失与违约金的差额应由乙方据实赔偿。

第十条　甲方未按本合同第四条约定期限交接房地产的，甲、乙双方同意按下列第___款内容处理。

1. 每逾期一日，甲方支付本合同第二条约定转让价款________%的违约金，合同继续履行。

2. 甲方逾期未交接房地产，乙方应书面催告甲方，自收到乙方书面催告之日起的_____日内，甲方仍未交接房地产的，乙方有权单方解除合同，并书面通知甲方，自收到通知之日起的____日内甲方未提出异议，合同即行解除。甲方应向乙方支付本合同第二条约定转让价款____%的违约金。若甲方违约给乙方造成经济损失且乙方实际经济损失超过甲方应支付的违约金时，实际经济损失与违约金的差额应由甲方据实赔偿。

3. ____

____

____

第十一条　经甲、乙双方协商一致，在不违反有关法律法规的前提下，订立的补充条款或补充协议，为买卖合同不可分割的一部分。本合同补充条款与正文条款不一致的，以补充条款为准。

第十二条　甲、乙双方同意委托上海网上房地产投资管理有限公司对本合同约定的房地产交割进行监管，委托监管事项、内容、权限由甲、乙双方另行与监管方上海网上房地产投资管理有限公司约定。

第十三条　本合同自甲、乙双方签订/________公证处公证/甲、乙双方与上海网上房地产投资管理有限公司签订房地产交割监管合同之日起生效。

第十四条　本合同适用中华人民共和国法律法规。甲、乙双方在履行本合同过程中若发生争议，应协商解决，协商不能解决的，按下列第_____项解决。

1. 提交上海仲裁委员会仲裁；

2. 向人民法院提起诉讼。

第十五条　本合同一式_____份，甲、乙双方各执_____份，_____、_____、_____和上海网上房地产投资管理有限公司和房地产登记机构各执一份。

补充条款

（粘贴线）　　　　　　　　（骑缝章加盖处）

（此处内容双方协商约定）

附件一

房屋平面图及房地产四至范围

（粘贴线）　　　　　　　　（骑缝章加盖处）

附件二

随房屋同时转让的设备、装饰情况及处理

（粘贴线）　　　　　　　　　　（骑缝章加盖处）

设备：

装饰：

关于设备及装饰费用按以下第____款办理：

一、以上所列设备和装饰费用包含在本合同第二条约定的房地产转让价款内，乙方不需另外支付费用，甲方不得拆除并应随房屋交付乙方。

二、以上所列设备和装饰费用未包含在本合同第二条约定的房地产转让价款内，乙方需另外支付费用人民币_____元，在本合同第四条约定的房屋验收交接时，由乙方向甲方支付，甲方不得拆除并应随房屋交付乙方。

附件三

付款协议

（粘贴线）　　　　　　　　　　（骑缝章加盖处）

一、关于监管的房地产转让价款

乙方同意在以下规定期限内将监管的转让价款解交上海网上房地产投资管理有限公司设立的监管账户：

1. ____年____月____日前将人民币（大写）____元解交监管账户。

2. ____年____月____日前将人民币（大写）____元解交监管账户。

3. 甲方同意乙方向___银行申请个人住房抵押贷款，总额为人民币（大写）_____元，用于支付转让价款的余款，其中，商业性贷款人民币（大写）_____元，个人住房公积金贷款人民币（大写）____元。乙方同意于____年____月____日前与贷款银行签订借款合同，递交相关文件并支付相关费用。乙方同意授权_____银行将其全部贷款划入下列监管账户：

开户人名称：上海网上房地产投资管理有限公司

账户：____

开户银行：______________________银行

若乙方不能按计划贷足或者_____银行不同意贷款申请的，则转让价款的不足部分乙方应当在____年____月____日前以现金解交监管账户。乙方无法以现金方式补足的，双方同意解除本合同并撤销该房屋买卖的转移登记申请，同时约定按以下第____款办理：

（1）乙方不承担违约责任。

（2）乙方承担违约金人民币（大写）________________元。

二、关于未监管的房地产转让价款

甲、乙双方确认未监管的房地产转让价款计人民币（大写）_____元处理如下：

1. 乙方于_____年_____月_____日向甲方支付房地产转让价款计人民币（大写）________元。

2. 乙方于______年______月______日交房时向甲方支付未监管的房地产转让价款计人民币（大写）____元。

3. ____。

附件四

物业管理费、水、电、煤、电讯等其他费用的支付

（粘贴线）　　　　　　　　（骑缝章加盖处）

物业管理费、水、电、煤、电讯等费用，在转移占有前未支付和未结算的费用由甲方承担；转移占有后，使用该房地产所发生的费用均由乙方承担。

甲方在本合同第四条约定的房屋验收交接后，与乙方共同办理水、电、燃气、电话、有线电视等过户手续。物业维修基金、水、电、有线电视、电话、燃气初装费按以下第___款办理：

1. 由甲方无偿转让给乙方，乙方无须另外支付费用。

2. 由乙方另行向甲方支付，具体金额由甲、乙双方办理过户手续时以各相关部门规定为准。

附件五

相关关系（包括租赁、抵押、相邻等其他关系）和户口迁移

（粘贴线）　　　　　　　　（骑缝章加盖处）

租赁情况：甲方签订本合同当日，该房屋已经租赁，甲方承诺已经于出售前三个月书面通知了承租人，承租人放弃了优先购买权。乙方同意在购房后继续履行租赁合同，并与

承租人签订租赁主体变更合同。

抵押情况：甲方购买该房屋时向上海______银行申请了总额为人民币（大写）______的个人住房抵押贷款，本合同签订时，贷款余额为人民币（大写）_____元。甲方同意不可撤销地授权上海网上房地产投资管理有限公司向上海_____银行申请提前还贷并提交规定的材料，甲方违约的，甲方同意向乙方支付违约金人民币（大写）____元。

相邻关系：

户口迁移：甲方承诺自该房地产权利转移之日起_____日内，向该房屋所在地的公安、派出所机构办理原有户口迁出手续。甲方延期迁出户口的，甲方同意向乙方支付赔偿金____元/日。

附件六

居间介绍、代理等中介服务情况

（粘贴线）　　　　　　　　　　（骑缝章加盖处）

居间介绍/代理的房地产经纪公司：	房地产执业经纪人姓名：
（章）	
代理委托方：　方	房地产经纪人执业证书号：
联系地址：	联系电话：
联系电话：	居间介绍、代理内容：
房地产执业经纪人姓名：	
房地产经纪人执业证书号：	
联系电话：	
居间介绍、代理内容：	

居间介绍/代理的房地产经纪公司：

（章）

代理委托方：　方

联系地址：

联系电话：

甲方(一)：
身份证号：________
居住/注册地址：________
邮政编码：________
代理人：________
联系电话：____手机：____
本人/法定代表人
(签章)________

甲方(二)：
身份证号：________
居住/注册地址：________
邮政编码：________
代理人：________
联系电话：____手机：____
本人/法定代表人
(签章)________
____年____月____日签于：____

乙方(一)：
身份证号：________
居住/注册地址：________
邮政编码：________
代理人：________
联系电话：____手机：____
本人/法定代表人
(签章)________

乙方(二)：
身份证号：________
居住/注册地址：________
邮政编码：________
代理人：________
联系电话：____手机：____
本人/法定代表人
(签章)________
____年____月____日签于：____

二 房地产买卖协议

1 房地产买卖协议书一

房地产买卖协议书

甲方(出让方):

乙方(受让方):

就甲方将其向上海_____有限公司（以下简称“开发商”）预购的位于上海市_______区_______路_______弄_______号_______室房地产及______车位(以下简称“该房地产”)转让给乙方事宜，经甲、乙双方协商，达成如下协议：

一、甲方向发展商预购了该房地产，并签署了《上海市商品房预售合同》，该预售合同约定的该房地产成交价款计人民币_______元整（RMB_______.00），预告登记证号为______。该房地产的暂测/实测面积为______平方米。甲方已自行支付其中部分房价款人民币______元整（RMB______.00），剩余房价款计人民币______元整（RMB ______.00）乙方已通过银行贷款的方式支付开发商。抵押权人为___银行，甲方承诺抵押权人同意提前结清甲方借款本息，预计还款日为_____。

二、现甲、乙双方同意，甲方将该房地产通过退房购房的方式转让给乙方。转让总价（以下简称“转让价”）为人民币______元整（RMB______.00）。原预售合同约定的该房地产买卖价款与本协议书约定的转让总价之差额（以下简称“差价”）共计人民币_______元整（RMB_____.00），由乙方承担并支付给甲方，甲方开具收据即可。

三、甲、乙双方确定的本协议书下的交易程序如下：

1. 本协议项下定金为人民币______元整（RMB______.00），乙方应于签订本协议当日支付予上海天下房地产经纪有限公司（以下简称“中介方”），甲方同意上述定金暂存于中介方并按本协议约定转付。

2. 双方签订本转让协议后_______日内，乙方应将首期转让价款人民币_______元整（RMB______.00）及差价交存于中介方，甲方同意上述款项均暂存于中介方并按本协议约定转付。

3. 甲方应于签署本协议当日将与本交易相关的预售合同（一份）、已获得的房价款发票原件交存中介方，甲方并应及时联系抵押权人还贷事宜。

4. 待乙方完成上述付款义务后________个工作日（根据银行还贷的具体要求）内，乙方同意中介方提取代为保管的首期转让价款及定金并陪同甲方至抵押权人处全额还清甲方尚欠抵押权人的贷款余额（若有剩余，剩余部分转付甲方；若有不足，不足部分由甲方自行补足），所获得注销抵押之全部资料由中介方收执并及时办理抵押注销手续。

5. 待完成第3款所述事项后三日内，甲乙双方应共同前往开发商处办理退房购房手续。该手续具体包含以下事项：甲方与开发商解除原预售合同，乙方与发展商签署新《商品房预售合同》。甲方承诺新预售合同的房价仍为原房价即人民币______元整(RMB_____.00)，且开发商将甲方原购房发票注销并为乙方开立新的房款发票/将甲方原购房发票变更为乙方并加盖更正章，上述发票原件应保存于开发商/中介方待乙方预告登记办妥后由乙方领取。（必须注意此时买方资金已用于替房东还贷，轻易不可退还，故原则上能将乙方签订预售合同时间前移为妥）

6. 鉴于乙方须申请贷款人民币______元整（RMB______.00）以支付部分房价款，乙方应于签署上述新预售合同后七日内与贷款银行签订抵押借款合同，办理一切相关手续并支付一切相关手续。如乙方之贷款申请未获得贷款银行审批通过或审批通过金额不足，则任何不足部分均由乙方自行补足开发商。

7. 待乙方至开发商处签订新预售合同后，甲方应督促开发商及时办理甲方预告登记注销手续及乙方预告登记、他项权利登记等事宜（具体流程以开发商操作惯例为准）。

8. 待乙方之预售登记办理完毕后三日内，乙方授权中介方将暂存差价转付甲方，甲方出具收据即可。上述事宜完成后，甲方原支付开发商的房价款（贷款部分）视作乙方支付开发商，乙方支付的定金转为相应的转让价款，甲方原支付的其他房价款由甲方自行向开发商领取。本交易结束。

四、如因甲方原因导致本转让协议无法履行，甲方同意除由中介方将乙方定金返还乙方外，甲方必须再支付等同定金的款项给乙方作为赔偿；若因乙方原因导致本协议无法履行，乙方同意上述定金由甲方没收。

五、双方约定：办理该次交易过程中开发商收取的费用由_____方支付。

六、双方约定：办理以乙方为权利人的预售登记、房地产权证书所涉及的税费由乙方承担；退房即预售合同解除所涉及的费用由甲方承担。甲方已支付开发商之其他费用甲方不再向乙方另行收取。

七、甲方应保证该房地产在此之前没有由于甲方的原因造成的任何纠纷。

八、本协议一经双方签字立即生效，对双方均由同等的效力。

九、协议一式三份，甲、乙双方及中介方各执一份。

甲方：　　　　　　　　　　乙方：

联络地址：　　　　　　　　联络地址：

日期：　　　　　　　　　　日期：

2 房地产买卖协议书[①]

房地产买卖协议书

甲方：（卖方）　　　　　　身份证：

乙方：（买方）　　　　　　身份证：

甲、乙双方本着平等、自愿的原则经协商一致，就上海市浦东新区樱花路801弄___号室（下称该房屋）的商品房转让事宜，签订本协议，协议内容如下：

一、乙方已经了解该房屋权属状况如下：

1. 甲方已与发展商签订《上海市商品房预售合同》，现该房屋预售合同的地址为：上海市浦东新区樱花路801弄____号____室。

2. 有关内容详见甲方所签订的商品房预售合同。

二、鉴于该房屋上述权属状况，甲、乙双方就买卖该房屋的交易方式如下：

1. 甲方应协助乙方与发展商签订《上海市商品房预售合同》。

2. 甲方保证其与发展商签署的上述商品房预售合同的内容属实。

三、甲、乙双方协商一致同意甲方转让该商品房的价格为人民币2150000元整，实际甲、乙双方间的付款方式如下：

---

① 本合同适用于房屋尚未办理产权证的情况。

1. 乙方于签订本协议书当日，支付甲方该转让款人民币150000元整。为保障交易安全，甲方同意将上述房款暂存于中介方，于乙方与发展商签订《上海市商品房预售合同》，且该预售合同在交易中心备案，甲方出示以乙方为权利人的上述房屋权属证明后五个工作日内由中介方将该转让款无息转交给甲方。

2. 在开发商将乙方签的上述房屋买卖的预售合同交至房地产交易中心办理登记备案手续，且甲方出示以乙方为权利人的上述房屋权属证明当日，乙方现金支付甲方人民币120000元整。

3. 剩余房款人民币1880000元整，由乙方直接以现金或贷款的方式支付给上述房屋的开发商。

四、甲方的义务为：

1. 甲方负责获得发展商同意，协助乙方与发展商签订《上海市商品房预售合同》。

2. 甲方同意乙方有权指定他人与发展商签订《上海市商品房预售合同》，甲方仍应当积极配合乙方指定的人与发展商签订《上海市商品房预售合同》。

3. 甲方须保证乙方可以人民币1880000元整的价格向开发商购买上述房屋。

五、乙方的义务：

该房屋相关进户费、维修基金、物业费由乙方自行承担。

六、若甲方在乙方与发展商签订预售合同前，反悔不同意将房屋转让与乙方，或者由于甲方的原因造成乙方不能与发展商签订《上海市商品房预售合同》，不能获得该房屋权属，则甲方应支付乙方人民币150000元整作为违约金。

七、若乙方在与发展商签订预售合同之前，反悔不购买上述房屋的，则甲方有权单方面终止本协议，同时乙方应支付甲方人民币150000元作为违约金。

八、甲乙双方协商一致各自承担所需支付的交易税费，任何一方不得以国家政府调整交易税费而损害另一方及第三人的利益。

九、本协议一经双方签字生效。

十、本协议一式二份，甲、乙双方各执一份。

甲　方：	乙　方：
身份证：	身份证：
日　期：	日　期：

3 房地产买卖协议书[①]

房地产买卖协议书

甲方：（卖方）

身份证：

乙方一：（买方）

身份证：

乙方二：（买方）

身份证：

甲、乙双方本着平等、自愿的原则经协商一致，就上海市____房产[沪房地____号]（下称该房屋）的买卖过户事宜，达成本协议，协议内容如下：

一、乙方已经了解该房屋权属状况如下：

甲方已于___年___月___日办出该房屋产证，但该房屋须三年以后即___年___月____日才能办理产权交易手续，现该房屋地址为上海市__________室。

二、甲、乙双方协商一致同意甲方出售上述房屋的实际价格为人民币_________元整，实际甲、乙双方间的付款方式如下：

乙方于___年___月___日之前，一次性支付甲方所有房款共计人民币________元整。

三、甲方的义务为：

1. 甲方保证其上述房屋可以在____年____月____日后办理产权过户手续，房屋产权可以过户至乙方名下，且甲方应依乙方通知后五个工作日内到上海市_____房地产交易中心办妥该房屋交易过户手续。

2. 甲方应协助乙方办理产权交易手续并于签署本协议之日将房屋相关交易资料（包括但不限于产证、身份证复印件、契税单等）交至乙方。

3. 甲方应于____年____月____日前办理授权委托书，将办理该房屋产权过户之权利委托给甲乙双方共同指定的受托人。

---

① 本合同适用于动迁房转让的情况。

4. 甲方应于____年____月____日前与乙方办理抵押登记手续，将该房地产抵押给乙方，抵押担保金额为人民币______元整（即为乙方支付的总房款）。

5. 甲方于签署本协议之日将上述房屋交付给乙方使用。

6. 甲方保证该房屋无任何其他权利限制，并保证在签订本协议后直至该房屋产权变更至乙方名下前，对该房屋不会产生任何权利限制或有其他人来主张权利。

四、乙方的义务：

1. 乙方负责支付该房屋的水、电、煤气、有线电视等相关进户费用。

2. 该房屋的维修基金由乙方承担。

3. 乙方在可以办理产权过户手续后二十个工作日内到上海市_____区房地产交易中心办妥该房屋产权过户手续。

4. 乙方须在签订本协议后一个工作日内将所有房款交付给甲方。

五、甲乙双方协商一致由乙方承担所有须支付的交易税费，乙方不得以国家政府调整交易税费而损害另一方及第三人的利益。

六、若甲方在甲、乙双方办理该房屋的产权过户手续期间，反悔不出售该房地产给乙方，或者由于甲方的原因造成乙方不能合法得到上述房屋，则乙方有权单方面终止本协议，甲方应返还乙方支付的所有房款，同时甲方应赔偿损失并且应按照本协议约定的总房款的20%向乙方支付违约金。

七、任何一方违反本协议，须承担相应损失并支付总房款的20%作为违约金。

八、本协议经双方签字生效。一式二份，甲、乙双方各执一份。

甲方：　　　　　　　　　　乙方一：

身份证：　　　　　　　　　身份证：

日期：　　　　　　　　　　日期：

乙方二：

身份证：

日期：

甲方配偶及同住人同意上述买卖行为并签章：

身份证：

日期：

三 房地产买卖定金合同

定金合同

甲方：（卖方）

身份证：

乙方：（买方）

身份证：

甲、乙双方本着平等、自愿的原则，经协商一致，就上海市_______（以下称该房屋)买卖事宜，签订本协议，协议内容如下：

一、乙方已经了解甲方所属该房屋相关情况如下：

1. 该房屋产权证号为未出 。

2. 该房屋地址为：_____________________；面积为：______（暂定）；该房屋用途为：住宅。

二、甲、乙双方就买卖该房屋的交易方式为买卖，自签订本协议当日，甲方将上述房屋的预售合同及相关发票交至中介方保管。

三、甲、乙双方协商一致同意甲方出售该房屋的实际出售价格为人民币_________元整（大写：人民币_______元整）。

四、乙方于签约后次日，于中介方查询该房屋除银行抵押外无其他权利限制及查封状况，且甲方将相关交易资料交至中介方后，直接支付甲方定金人民币__________元整，该笔定金自甲、乙双方所签订的《上海市房地产买卖合同》生效后自动转为购房款。

五、甲方须自签订本协议后5个工作日内办妥授权委托中介方办理该房屋的房地产权证及出售该房屋的一切相关手续的委托公证书。

六、甲乙双方协商一致，待双方签订买卖合同时的具体付款方式如下：

1. 乙方于签约后次日，直接支付甲方定金人民币_______元整。

2. 乙方于甲乙双方至上海市________区房地产交易中心办理过户手续前，支付甲方房款人民币________元整暂存于中介账户，中介方于交易中心出具收件收据后5个工作日内将该笔房款无息转交甲方。

3. 乙方于银行发放贷款时，以贷款的方式支付甲方房款人民币________元整，该笔款项由监管账户一次性划入甲方账户。

七、若甲方在与乙方签订本协议后，反悔不出售该房屋给乙方的，则甲方应双倍返还乙方已支付的定金。

八、若乙方在与甲方签订本协议后，反悔不购买该房屋的，则无权要求甲方返还已收取的定金。

九、甲方保证上述房地产买卖不存在产权争议和其他人主张权利的情况。

十、甲、乙双方协商一致，各自承担各自交易过程中产生的税费，任何一方不得因国家政策或税费调整而损害另一方、第三方或中介方的利益。

十一、甲乙双方于签订该定金协议同时签订《上海市房地产买卖合同》，本协议未尽事宜以双方签订的《上海市房地产买卖合同》约定为准，买卖合同生效日为：该房屋的以甲方为权利人的房地产权证办出日。

十二、如双方就本协议约定之内容发生任何纠纷，由双方协商解决，协商不成的，皆选择至上海仲裁委员会裁决。

十三、本协议一经甲乙双方或其合法授权人签字即生效，且乙方有权指定第三人完全承受本协议，作为将来追加该第三人作为买方主体之一。

十四、本协议一式三份，甲、乙双方各执一份，中介方执一份。

十五、本协议待甲乙双方所签订的《上海市房地产买卖合同》生效后即自行终止，届时甲乙双方需按生效后的《上海市房地产买卖合同》的约定继续履行各自的权利义务。

甲　方：	乙　方：
身份证：	身份证：
联系电话：	联系电话：
联系地址：	联系地址：
日　期：	日　期：

四 房地产买卖收据一

1 房地产买卖收据[1]

今收到_____（小姐/先生）交付的，用于办理位于上海市________________的房地产交易相关手续所需的资料，包括产证办理、产权过户、贷款、还贷等手续；在办妥上述相关事宜前，交付方不得随意要回上述资料。（下列资料以打“√”为准）

◎ 身份证原件/复印件

◎ 手写委托书原件/复印件

◎ 公证委托书原件/复印件

◎ 房地产权证原件/复印件　　　编号：________________

◎ 预售合同原件/复印件　　　编号：________________

◎ 契税完税凭证原件/复印件

◎ 购房发票原件/复印件

◎ 维修基金发票原件/复印件

◎ 公证发票　　　面额：________________

◎ 律师见证费发票

◎ 预告登记证明原件/复印件　　　编号：________________

◎ 婚姻证明原件/复印件

◎ 户口簿原件/复印件

◎ 同意出售书原件/复印件

◎ 放弃优先购买权声明原件/复印件

◎ 贷款合同原件/复印件

◎ 银行对账单

---

① 本收据适用于公司收取客户资料时使用。

其他：____

收件人：

时　间：

2 房地产买卖收据二[1]

关于：____区____路____弄____支弄____号____室以及____车位

兹收到上海××房地产经纪有限公司以下资料：

上海市房地产业销售统一发票（　　　　　　　　）

上海市房地产交易登记专用收据（　　　　　　　　）

上海市财政局契税缴款书（　　　　　　　　）

上海市房地产权证[沪房地______字（　　）第______号]

上海市房地产买卖合同壹本

印花税税票计（　　　）元

上海市房地产买卖贷款合同一本

上海市公证处公证费发票（　　　　　　　　）

上海市房地产买卖评估报告及发票（　　　　　　　　）

房屋保险保险单（　　　　　　　　）

以上均为原件共计______项

签收人：

日　期：

① 本收据适用于客户收取公司资料时使用。

五 房地产买卖补充条款及付款协议

1 房地产买卖补充条款

房地产买卖补充条款

根据本合同第十一条之规定，经双方友好协商，达成如下补充条款：

1. 补充本合同第一条

甲方承诺该房地产无查封、违章限制等权利限制或他人主张权利等情况。

2. 补充本合同第二条

（1）本合同第二条的房价款中该款项包含了连同维修基金、物业管理费押金、煤气、电话、有线电视初装费等在内的甲方已支付发展商或物业管理公司的其他一切费用，上述费用双方不再另行结算。双方同意于房屋交接当日办理上述事宜之户名变更手续（若需）。

（2）甲乙双方在此确认本合同第二条所列之房价款不包含就转让上述房地产按国家法律法规等规定甲乙双方应支付的交易税费，上述费用均由甲乙双方另行按国家规定承担并支付。

（3）双方确认本合同附件二所列之装潢、厨卫设施及附属设施、设备已包含在合同价格内，甲方不得拆除、损坏并应随房附赠乙方。

3. 补充本合同第四条

（1）乙方在此确认其于签订买卖合同前已对该房地产进行初步验看。双方在此同意甲方将该房地产连同附件二所列之装潢、厨卫设施及附属设施、设备按现状交付乙方即可，但是甲方必须保证该房地产及内的管道、管线畅通以及附件二所列设施设备的正常使用。

（2）甲方应于收到乙方____款（房款结清，尾款除外）/交易中心出具乙方产权证之日起_____个工作日内，与乙方进行该房屋的验收、交接，房屋交接包括钥匙交接，水、电、煤、电讯等费用的结算及户名之更改（若甲方届时未能结清甲方水电等欠费，则乙方有权拒绝收房且视为甲方逾期交房）。

4. 补充本合同第六条

甲、乙双方均在此承诺：甲乙双方应于___年___月___日/___之日起___个工作日内（乙方贷款的必须在贷款办妥后）备妥交易资料至交易中心办理过户手续，所获得之收件收据由中介方收执；在共同办理产权过户手续中，各自应及时提供产权过户所需资料、证明并及时支付各项应付之税费。若因任何一方材料不齐或税费不足导致过户手续无法正常办理时，则过错方应承担相应责任。

5. 补充本合同第八条

甲、乙双方均确认：本交易过程当中所产生的各种税费，均由甲、乙双方依据国家及本市有关法律法规各自承担（合同公证费由___方承担）；若遇国家政策或税费调整，甲、乙双方应依调整后的税费执行；由此所产生的损益均由甲、乙双方各自承担或享有，不得损害任何另一方、第三人的利益。

6. 补充本合同第十一条

本合同附件三之付款协议与补充条款具有同等法律效力。

7. 补充本合同第十二条

甲方承诺自该房地产权利转移之日起的二十日内/办理房屋交接前，向房屋所在地的公安派出机构办妥原有户口（若有）的迁出手续。如由于甲方未及时迁出户口造成乙方损失的，甲方承担赔偿责任。（譬如甲方同意按逾期一日支付人民币___元赔偿乙方直至实际迁出日止/甲方同意支付乙方人民币____万元的赔偿金/乙方从房款中留存户口迁移保证金人民币___元，待甲方办妥户口迁出手续后支付甲方）交房时间是否顺延由双方协商。

8. 补充本合同第十三条

在履行本合同过程中，甲、乙双方任意一方若未按照本合同履行的，即为违约；违约方每逾期一日，应向守约方支付本合同约定的总房价款的万分之五作为滞纳金（迟延履行违约金）；若该等逾期超过十五日的，则守约方有权单方面解除本合同并追究违约方的违约责任，该等违约金按本合同约定总房价20%计或要求违约方继续履行本合同且支付滞纳金（迟延履行违约金）直至恢复履行之日止。

9. 补充本合同第十四条

甲乙双方在本合同中记载的联系方式即为甲乙双方在本交易中的有效联系依据，任何一方若依据本合同记载的联系方式联系对方而未能联系到对方，则由对方承担不利后果；

任何一方联系方式变更的应及时书面通知对方。

付款协议

1. 双方均确认：在签署本合同之前，乙方已支付甲方定金计人民币________万元整（RMB_______.00）。本合同签订后，该笔定金自行转为乙方支付给甲方的首期房价款。

2. 签订本合同当日/后______日内，乙方应支付甲方第二期房价款计人民币_______元整（RMB_______.00）。

3. 待本交易上海市_______区房地产交易中心受理（以收件收据为准）前，乙方应支付甲方第三期房价款计人民币_______元整（RMB_______.00）。

4. 乙方应于按本合同约定办妥该房屋交接及物业等户名变更手续同时支付甲方房价尾款计人民币___________元整，乙方凭房地产交接书到中介方领取其之房地产权证，本交易结束。

5. 本付款协议项下的所有房价款由乙方以人民币形式支付甲方（通过中介方支付甲方，列明哪几期）。

6. 甲方指定收款账号：（甲方任何一人收到任何款项即视为甲方已收到该笔款项多个权利人）

户名：

开户行：

账号：

2 房地产买卖补充条款及付款协议一[①]

补充条款

根据本合同第十一条之规定，经双方友好协商，达成如下补充条款：

① 本协议适用于卖方抵押还贷款时的情况。

1. 补充本合同第一条

双方均认知：目前该房地产已设定抵押，抵押权人是______，抵押金额约为______；甲方确认抵押权人同意甲方提前还贷并承诺于____日前（乙方按付款协议约定支付____期房款后三个工作日内）自行还清以上贷款并办理抵押注销手续。甲方承诺该房地产除上述抵押外无查封、违章限制等权利限制或他人主张权利等情况。

2. 补充本合同第二条

（1）本合同第二条的房价款中该款项包含了连同维修基金、物业管理费押金、煤气、电话、有线电视初装费等在内的甲方已支付发展商或物业管理公司的其他一切费用，上述费用双方不再另行结算。双方同意于房屋交接当日办理上述事宜之户名变更手续（若需）。

（2）甲乙双方在此确认本合同第二条所列之房价款不包含就转让上述房地产按国家法律法规等规定甲乙双方应支付的交易税费，上述费用均由甲乙双方另行按国家规定承担并支付。

（3）双方确认本合同附件二所列之装潢、厨卫设施及附属设施、设备已包含在合同价格内，甲方不得拆除、损坏并应随房附赠乙方。

3. 补充本合同第四条

（1）乙方在此确认其于签订买卖合同前已对该房地产进行初步验看。双方在此同意甲方将该房地产连同附件二所列之装潢、厨卫设施及附属设施、设备按现状交付乙方即可，但是甲方必须保证该房地产及内的管道、管线畅通以及附件二所列设施设备的正常使用。

（2）甲方应于收到乙方______款（房款结清，尾款除外）/交易中心出具乙方产权证之日起____个工作日内，与乙方进行该房屋的验收、交接，房屋交接包括钥匙交接，水、电、煤、电讯等费用的结算及户名之更改（若甲方届时未能结清甲方水电等欠费，则乙方有权拒绝收房且视为甲方逾期交房）。

4. 补充本合同第六条

甲、乙双方均在此承诺：甲乙双方应于_____年_____月_____日/_____之日起____个工作日内（乙方贷款的必须在贷款办妥后）备妥交易资料至交易中心办理过户手续，所获得之收件收据由中介方收执；在共同办理产权过户手续中，各自应及时提供产权过户所需资料、证明并及时支付各项应付之税费。若因任何一方材料不齐或税费不足导致过户手续无法正常办理时，则过错方应承担相应责任。

5. 补充本合同第八条

甲、乙双方均确认：本交易过程当中所产生的各种税费，均由甲、乙双方依据国家及本市有关法律法规各自承担（合同公证费由________方承担）；若遇国家政策或税费调整，甲、乙双方应依调整后的税费执行；由此所产生的损益均由甲、乙双方各自承担或享有，不得损害任何另一方、第三人的利益。

6. 补充本合同第十一条

本合同附件三之付款协议与补充条款具有同等法律效力。

7. 甲方承诺自该房地产权利转移之日起的二十日内/办理房屋交接前，向房屋所在地的公安派出机构办妥原有户口（若有）的迁出手续。如由于甲方未及时迁出户口造成乙方损失的，甲方承担赔偿责任。（譬如甲方同意按逾期一日支付人民币______元赔偿乙方直至实际迁出日止/甲方同意支付乙方人民币______万元的赔偿金/乙方从房款中留存户口迁移保证金人民币______元，待甲方办妥户口迁出手续后支付甲方）交房时间是否顺延由双方协商。

8. 在履行本合同过程中，甲、乙双方任意一方若未按照本合同履行的，即为违约；违约方每逾期一日，应向守约方支付本合同约定的总房价款的万分之五作为滞纳金（迟延履行违约金）；若该等逾期超过十五日的，则守约方有权单方面解除本合同并追究违约方的违约责任，该等违约金按本合同约定总房价20%计或要求违约方继续履行本合同且支付滞纳金（迟延履行违约金）直至恢复履行之日止。

9. 甲乙双方在本合同中记载的联系方式即为甲乙双方在本交易中的有效联系依据，任何一方若依据本合同记载的联系方式联系对方而未能联系到对方，则由对方承担不利后果；任何一方联系方式变更的应及时书面通知对方。

付款协议

1. 双方均确认：在签署本合同之前，乙方已支付甲方定金计人民币________万元整（RMB_____.00）。本合同签订后，该笔定金自行转为乙方支付给甲方的首期房价款。

2. 签订本合同当日/后______日内，乙方应支付甲方第二期房价款计人民币______元整（RMB_____.00）。

双方同意上述______期房价款先暂存于中介方，待甲方自行还清抵押权人借款并将注销抵押资料交存中介方/办理抵押注销手续后，乙方同意中介方立即将暂存房款转付甲方。

双方同意上述_______期房价款先暂存于中介方，乙方同意中介方于甲方还贷当日提取暂存房款陪同甲方至抵押权人处还贷（该款直接划入甲方还贷账号用于优先还清甲方尚欠的借款本息），届时若有任何不足均由甲方自行补足。

3. 待本交易上海市_______区房地产交易中心受理（以收件收据为准）前，乙方应支付甲方第三期房价款计人民币______元整（RMB______.00）。

4. 乙方应于按本合同约定办妥该房屋交接及物业等户名变更手续同时支付甲方房价尾款计人民币_______元整，乙方凭房地产交接书到中介方领取其之房地产权证，本交易结束。

5. 本付款协议项下的所有房价款由乙方以人民币形式支付甲方（通过中介方支付甲方，列明哪几期）。

6. 甲方指定收款账号：（甲方任何一人收到任何款项即视为甲方已收到该笔款项多个权利人）

户名：

开户行：

账号：

3 房地产买卖补充条款及付款协议二[①]

补充条款

根据本合同第十一条之规定，经双方友好协商，达成如下补充条款：

1. 补充本合同第一条

甲方承诺该房地产无查封、违章限制等权利限制或他人主张权利等情况。

2. 补充本合同第二条

（1）本合同第二条的房价款中该款项包含了连同维修基金、物业管理费押金、煤气、电话、有线电视初装费等在内的甲方已支付发展商或物业管理公司的其他一切费用，

① 本协议适用于由买方还贷款购房的情况。

上述费用双方不再另行结算。双方同意于房屋交接当日办理上述事宜之户名变更手续（若需）。

（2）甲乙双方在此确认本合同第二条所列之房价款不包含就转让上述房地产按国家法律法规等规定甲乙双方应支付的交易税费，上述费用均由甲乙双方另行按国家规定承担并支付。

（3）双方确认本合同附件二所列之装潢、厨卫设施及附属设施、设备已包含在合同价格内，甲方不得拆除、损坏并应随房附赠乙方。

3. 补充本合同第四条

（1）乙方在此确认其于签订买卖合同前已对该房地产进行初步验看。双方在此同意甲方将该房地产连同附件二所列之装潢、厨卫设施及附属设施、设备按现状交付乙方即可，但是甲方必须保证该房地产及内的管道、管线畅通以及附件二所列设施设备的正常使用。

（2）甲方应于收到乙方____款（房款结清，尾款除外）/交易中心出具乙方产权证之日起_____个工作日内，与乙方进行该房屋的验收、交接，房屋交接包括钥匙交接，水、电、煤、电讯等费用的结算及户名之更改（若甲方届时未能结清甲方水电等欠费，则乙方有权拒绝收房且视为甲方逾期交房）。

4. 补充本合同第六条

甲、乙双方均在此承诺：甲乙双方应于____年____月____日/____之日起____个工作日内（乙方贷款的必须在贷款办妥后）备妥交易资料至交易中心办理过户手续，所获得之收件收据由中介方收执；在共同办理产权过户手续中，各自应及时提供产权过户所需资料、证明并及时支付各项应付之税费。若因任何一方材料不齐或税费不足导致过户手续无法正常办理时，则过错方应承担相应责任。

5. 补充本合同第八条

甲、乙双方均确认：本交易过程当中所产生的各种税费，均由甲、乙双方依据国家及本市有关法律法规各自承担（合同公证费由_____方承担）；若遇国家政策或税费调整，甲、乙双方应依调整后的税费执行；由此所产生的损益均由甲、乙双方各自承担或享有，不得损害任何另一方、第三人的利益。

6. 补充本合同第十一条

本合同附件三之付款协议与补充条款具有同等法律效力。

7. 甲方同意乙方可以通过中介方/自行向贷款银行申请人民币____元整（RMB____.00）

的贷款用于支付部分房价款。乙方应于签订买卖合同后五个工作日内提供贷款所需资料/十五个工作日内办妥贷款审批手续（客户自行办理贷款必须要约定贷款办妥时间），与贷款银行签署借款抵押合同以及其他相关文件，并支付一切相关费用。甲方应给予积极合理的配合。如乙方之贷款申请未获得贷款银行审批通过或审批通过金额不足，则任何不足部分均由乙方于办理交易过户手续前支付甲方。

8. 甲方承诺自该房地产权利转移之日起的二十日内/办理房屋交接前，向房屋所在地的公安派出机构办妥原有户口（若有）的迁出手续。如由于甲方未及时迁出户口造成乙方损失的，甲方承担赔偿责任。（譬如甲方同意按逾期一日支付人民币_____元赔偿乙方直至实际迁出日止/甲方同意支付乙方人民币____万元的赔偿金/乙方从房款中留存户口迁移保证金人民币_____元，待甲方办妥户口迁出手续后支付甲方）交房时间是否顺延由双方协商。

9. 在履行本合同过程中，甲、乙双方任意一方若未按照本合同履行的，即为违约；违约方每逾期一日，应向守约方支付本合同约定的总房价款的万分之五作为滞纳金（迟延履行违约金）；若该等逾期超过十五日的，则守约方有权单方面解除本合同并追究违约方的违约责任，该等违约金按本合同约定总房价20%计或要求违约方继续履行本合同且支付滞纳金（迟延履行违约金）直至恢复履行之日止。

10. 甲乙双方在本合同中记载的联系方式即为甲乙双方在本交易中的有效联系依据，任何一方若依据本合同记载的联系方式联系对方而未能联系到对方，则由对方承担不利后果；任何一方联系方式变更的应及时书面通知对方。

付款协议

1. 双方均确认：在签署本合同之前，乙方已支付甲方定金计人民币_________万元整（RMB_______.00）。本合同签订后，该笔定金自行转为乙方支付给甲方的首期房价款。

2. 签订本合同当日/后_______日内，乙方应支付甲方第二期房价款计人民币_______元整（RMB_______.00）。

3. 待上海市_______区房地产交易中心出具以乙方为所有权人的房地产权证以及以贷款银行为抵押权人之他项权利证明后_______日内，乙方应委托贷款银行将人民币_________元整（RMB________.00）的贷款直接付至甲方账号（已补足甲方部分除外）作为第三期房价款。

4. 乙方应于按本合同约定办妥该房屋交接及物业等户名变更手续同时支付甲方房价尾款计人民币__________元整，乙方凭房地产交接书到中介方领取其房地产产权证，本交易结束。

5. 本付款协议项下的所有房价款由乙方以人民币形式支付甲方（通过中介方支付甲方，列明哪几期）。

6. 甲方指定收款账号：（甲方任何一人收到任何款项即视为甲方已收到该笔款项多个权利人）

户名：

开户行：

账号：

4 房地产买卖补充条款及付款协议三[①]

补充条款

根据本合同第十一条之规定，经双方友好协商，达成如下补充条款：

1. 补充本合同第一条

双方均认知：目前该房地产已设定抵押，抵押权人是_____，抵押金额约为________；甲方确认抵押权人同意甲方提前还贷并承诺于____日前（乙方按付款协议约定支付_____期房款后三个工作日内）自行还清以上贷款并办理抵押注销手续。甲方承诺该房地产除上述抵押外无查封、违章限制等权利限制或他人主张权利等情况。

2. 补充本合同第二条

（1）本合同第二条的房价款中该款项包含了连同维修基金、物业管理费押金、煤气、电话、有线电视初装费等在内的甲方已支付发展商或物业管理公司的其他一切费用，上述费用双方不再另行结算。双方同意于房屋交接当日办理上述事宜之户名变更手续（若需）。

---

① 本协议适用于卖方抵押还贷款、买方还贷款购房的情况时使用。

（2）甲乙双方在此确认本合同第二条所列之房价款不包含就转让上述房地产按国家法律法规等规定甲乙双方应支付的交易税费，上述费用均由甲乙双方另行按国家规定承担并支付。

（3）双方确认本合同附件二所列之装潢、厨卫设施及附属设施、设备已包含在合同价格内，甲方不得拆除、损坏并应随房附赠乙方。

3. 补充本合同第四条

（1）乙方在此确认其于签订买卖合同前已对该房地产进行初步验看。双方在此同意甲方将该房地产连同附件二所列之装潢、厨卫设施及附属设施、设备按现状交付乙方即可，但是甲方必须保证该房地产及内的管道、管线畅通以及附件二所列设施设备的正常使用。

（2）甲方应于收到乙方______款（房款结清，尾款除外）/交易中心出具乙方产权证之日起______个工作日内，与乙方进行该房屋的验收、交接，房屋交接包括钥匙交接，水、电、煤、电讯等费用的结算及户名之更改（若甲方届时未能结清甲方水电等欠费，则乙方有权拒绝收房且视为甲方逾期交房）。

4. 补充本合同第六条

甲、乙双方均在此承诺：甲乙双方应于_____年_____月_____日/_____之日起_____个工作日内（乙方贷款的必须在贷款办妥后）备妥交易资料至交易中心办理过户手续，所获得之收件收据由中介方收执；在共同办理产权过户手续中，各自应及时提供产权过户所需资料、证明并及时支付各项应付之税费。若因任何一方材料不齐或税费不足导致过户手续无法正常办理时，则过错方应承担相应责任。

5. 补充本合同第八条

甲、乙双方均确认：本交易过程当中所产生的各种税费，均由甲、乙双方依据国家及本市有关法律法规各自承担（合同公证费由_____方承担）；若遇国家政策或税费调整，甲、乙双方应依调整后的税费执行；由此所产生的损益均由甲、乙双方各自承担或享有，不得损害任何另一方、第三人的利益。

6. 补充本合同第十一条

本合同附件三之付款协议与补充条款具有同等法律效力。

7. 甲方同意乙方可以通过中介方/自行向贷款银行申请人民币____元整（RMB____.00）的贷款用于支付部分房价款。乙方应于签订买卖合同后五个工作日内提供贷款所需资料/十五个工作日内办妥贷款审批手续（客户自行办理贷款必须要约定贷款办妥时间），与贷款银行签署借款抵押合同以及其他相关文件，并支付一切相关费用。甲方应给予积极合理的配合。如乙方之贷款申请未获得贷款银行审批通过或审批通过金额不足，则任何不足部分均由乙方于办理交易过户手续前支付甲方。

8. 甲方承诺自该房地产权利转移之日起的二十日内/办理房屋交接前，向房屋所在地的公安派出机构办妥原有户口（若有）的迁出手续。如由于甲方未及时迁出户口造成乙方损失的，甲方承担赔偿责任。（譬如甲方同意按逾期一日支付人民币_____元赔偿乙方直至实际迁出日止/甲方同意支付乙方人民币____万元的赔偿金/乙方从房款中留存户口迁移保证金人民币_____元，待甲方办妥户口迁出手续后支付甲方）交房时间是否顺延由双方协商。

9. 在履行本合同过程中，甲、乙双方任意一方若未按照本合同履行的，即为违约；违约方每逾期一日，应向守约方支付本合同约定的总房价款的万分之五作为滞纳金（迟延履行违约金）；若该等逾期超过十五日的，则守约方有权单方面解除本合同并追究违约方的违约责任，该等违约金按本合同约定总房价20%计或要求违约方继续履行本合同且支付滞纳金（迟延履行违约金）直至恢复履行之日止。

10. 甲乙双方在本合同中记载的联系方式即为甲乙双方在本交易中的有效联系依据，任何一方若依据本合同记载的联系方式联系对方而未能联系到对方，则由对方承担不利后果；任何一方联系方式变更的应及时书面通知对方。

付款协议

1. 双方均确认：在签署本合同之前，乙方已支付甲方定金计人民币_____万元整（RMB______.00）。本合同签订后，该笔定金自行转为乙方支付给甲方的首期房价款。

2. 签订本合同当日/后______日内，乙方应支付甲方第二期房价款计人民币______元整（RMB____.00）。

双方同意上述_____期房价款先暂存于中介方，待甲方自行还清抵押权人借款并将注销抵押资料交存中介方/办理抵押注销手续后，乙方同意中介方立即将暂存房款转付甲方。

双方同意上述_____期房价款先暂存于中介方，乙方同意中介方于甲方还贷当日提取暂存房款陪同甲方至抵押权人处还贷（该款直接划入甲方还贷账号用于优先还清甲方尚欠的借款本息），届时若有任何不足均由甲方自行补足。

3. 待上海市_____区房地产交易中心出具以乙方为所有权人的房地产权证以及以贷款银

行为抵押权人之他项权利证明后____日内，乙方应委托贷款银行将人民币____元整（RMB ______.00）的贷款直接付至甲方账号（已补足甲方部分除外）作为第三期房价款。

4. 乙方应于按本合同约定办妥该房屋交接及物业等户名变更手续同时支付甲方房价尾款计人民币____元整，乙方凭房地产交接书到中介方领取其之房地产权证，本交易结束。

5. 本付款协议项下的所有房价款由乙方以人民币形式支付甲方（通过中介方支付甲方，列明哪几期）。

6. 甲方指定收款账号：（甲方任何一人收到任何款项即视为甲方已收到该笔款项多个权利人）

户名：

开户行：

账号：

5 房地产买卖补充条款及付款协议四[①]

（1）房地产买卖补充条款及付款协议一[②]

补充条款

根据本合同第十一条之规定，经双方友好协商，达成如下补充条款：

1. 补充本合同第一条

双方均认知：目前该房地产已设定抵押，抵押权人是______，抵押金额约为______；甲方确认抵押权人同意甲方提前还贷。双方确认以担保公司还贷形式还清甲方贷款，甲方承诺于乙方贷款发放至担保公司后十日内委托担保公司还清以上贷款并办理抵押注销手续。甲方承诺该房地产除上述抵押外无查封、违章限制等权利限制或他人主张权利等情况。

2. 补充本合同第二条

（1）本合同第二条的房价款中该款项包含了连同维修基金、物业管理费押金、煤气、

① 本协议适用于买卖双方需要办理转按揭的情况。

② 本协议适用于担保公司先垫资金还贷款的情况时使用的版本。

电话、有线电视初装费等在内的甲方已支付发展商或物业管理公司的其他一切费用，上述费用双方不再另行结算。双方同意于房屋交接当日办理上述事宜之户名变更手续（若需）。

（2）甲乙双方在此确认本合同第二条所列之房价款不包含就转让上述房地产按国家法律法规等规定甲乙双方应支付的交易税费，上述费用均由甲乙双方另行按国家规定承担并支付。

（3）双方确认本合同附件二所列之装潢、厨卫设施及附属设施、设备已包含在合同价格内，甲方不得拆除、损坏并应随房附赠乙方。

3. 补充本合同第四条

（1）乙方在此确认其于签订买卖合同前已对该房地产进行初步验看。双方在此同意甲方将该房地产连同附件二所列之装潢、厨卫设施及附属设施、设备按现状交付乙方即可，但是甲方必须保证该房地产及内的管道、管线畅通以及附件二所列设施设备的正常使用。

（2）甲方应于收到乙方______款（房款结清，尾款除外）/交易中心出具乙方产权证之日起______个工作日内，与乙方进行该房屋的验收、交接，房屋交接包括钥匙交接，水、电、煤、电讯等费用的结算及户名之更改（若甲方届时未能结清甲方水电等欠费，则乙方有权拒绝收房且视为甲方逾期交房）。

4. 补充本合同第六条

甲、乙双方均在此承诺：甲乙双方应于____年____月____日/____之日起____个工作日内（甲方抵押注销后）备妥交易资料至交易中心办理过户手续，所获得之收件收据由中介方收执；在共同办理产权过户手续中，各自应及时提供产权过户所需资料、证明并及时支付各项应付之税费。若因任何一方材料不齐或税费不足导致过户手续无法正常办理时，则过错方应承担相应责任。

5. 补充本合同第八条

甲、乙双方均确认：本交易过程当中所产生的各种税费，均由甲、乙双方依据国家及本市有关法律法规各自承担（合同公证费由_____方承担）；若遇国家政策或税费调整，甲、乙双方应依调整后的税费执行；由此所产生的损益均由甲、乙双方各自承担或享有，不得损害任何另一方、第三人的利益。

6. 补充本合同第十一条

本合同附件三之付款协议与补充条款具有同等法律效力。

7. 甲方同意乙方可以向贷款银行申请人民币____元整（RMB____.00）的贷款用于支付部分房价款。乙方应于签订买卖合同后五个工作日内提供贷款所需资料，与贷款银行签署借款抵押合同以及其他相关文件，支付一切相关费用；乙方并应同时与贷款银行指定的担保公司签署必要文件，办理有关手续。上述事宜甲方应给予积极合理的配合。如乙方之贷款申请未获得贷款银行审批通过或审批通过金额不足，则任何不足部分均由乙方于办理交易过户手续前支付甲方。甲方贷款结清之前的借款本息仍由甲方承担。

8. 甲方承诺自该房地产权利转移之日起的二十日内/办理房屋交接前，向房屋所在地的公安派出机构办妥原有户口（若有）的迁出手续。如由于甲方未及时迁出户口造成乙方损失的，甲方承担赔偿责任。（譬如甲方同意按逾期一日支付人民币_____元赔偿乙方直至实际迁出日止/甲方同意支付乙方人民币____万元的赔偿金/乙方从房款中留存户口迁移保证金人民币____元，待甲方办妥户口迁出手续后支付甲方）交房时间是否顺延由双方协商。

9. 在履行本合同过程中，甲、乙双方任意一方若未按照本合同履行的，即为违约；违约方每逾期一日，应向守约方支付本合同约定的总房价款的万分之五作为滞纳金（迟延履行违约金）；若该等逾期超过十五日的，则守约方有权单方面解除本合同并追究违约方的违约责任，该等违约金按本合同约定总房价20%计或要求违约方继续履行本合同且支付滞纳金（迟延履行违约金）直至恢复履行之日止。

10. 甲乙双方在本合同中记载的联系方式即为甲乙双方在本交易中的有效联系依据，任何一方若依据本合同记载的联系方式联系对方而未能联系到对方，则由对方承担不利后果；任何一方联系方式变更的应及时书面通知对方。

付款协议

1. 双方均确认：在签署本合同之前，乙方已支付甲方定金计人民币________万元整（RMB____.00）。本合同签订后，该笔定金自行转为乙方支付给甲方的首期房价款。

2. 签订本合同当日/后___________日内，乙方应支付甲方第二期房价款计人民币元（RMB_________.00）。若无尾款，应建议将二期款中部分由中介方保管，待交房后转付甲方。

3. 待乙方的贷款申请经贷款银行审批通过后，乙方应授权贷款银行将该笔贷款发放至担保公司指定账户（具体放贷日期以银行规定为准）。双方并认可担保公司收到该款后在甲方抵押权人认可的还贷日（不晚于补充条款第一款的相关约定）提取该款陪同甲方至抵押权人处还清甲方尚欠的借款本息（若有任何不足均由甲方补足；若有剩余则由甲方领取）。

4. 待上海市_____区房地产交易中心出具以乙方为所有权人的房地产权证以及以贷款银行为抵押权人之他项权利证明后_____日内，乙方凭房地产交接书到中介方领取其之房地产权证，本交易结束。

5. 本付款协议项下的所有房价款由乙方以人民币形式支付甲方（通过中介方支付甲方，列明哪几期）。

6. 甲方指定收款账号：（甲方任何一人收到任何款项即视为甲方已收到该笔款项多个权利人）

户名：

开户行：

账号：

（2）房地产买卖补充条款及付款协议二①

补充条款

根据本合同第十一条之规定，经双方友好协商，达成如下补充条款：

1. 补充本合同第一条

双方均认知：目前该房地产已设定抵押，抵押权人是______，抵押金额约为______；甲方确认抵押权人双方办理同行转按揭以还清甲方上述贷款。甲方承诺该房地产除上述抵押外无查封、违章限制等权利限制或他人主张权利等情况。

2. 补充本合同第二条

（1）本合同第二条的房价款中该款项包含了连同维修基金、物业管理费押金、煤气、电话、有线电视初装费等在内的甲方已支付发展商或物业管理公司的其他一切费用，上述费用双方不再另行结算。双方同意于房屋交接当日办理上述事宜之户名变更手续（若需）。

---

① 本协议适用于由同一家银行以贷款还贷款的情况时使用的版本。

（2）甲乙双方在此确认本合同第二条所列之房价款不包含就转让上述房地产按国家法律法规等规定甲乙双方应支付的交易税费，上述费用均由甲乙双方另行按国家规定承担并支付。

（3）双方确认本合同附件二所列之装潢、厨卫设施及附属设施、设备已包含在合同价格内，甲方不得拆除、损坏并应随房附赠乙方。

3. 补充本合同第四条

（1）乙方在此确认其于签订买卖合同前已对该房地产进行初步验看。双方在此同意甲方将该房地产连同附件二所列之装潢、厨卫设施及附属设施、设备按现状交付乙方即可，但是甲方必须保证该房地产及内的管道、管线畅通以及附件二所列设施设备的正常使用。

（2）甲方应于收到乙方______款（房款结清，尾款除外）/交易中心出具乙方产权证之日起_______个工作日内，与乙方进行该房屋的验收、交接，房屋交接包括钥匙交接，水、电、煤、电讯等费用的结算及户名之更改（若甲方届时未能结清甲方水电等欠费，则乙方有权拒绝收房且视为甲方逾期交房）。

4. 补充本合同第六条

甲、乙双方均在此承诺：甲乙双方应于抵押权人办妥转按揭手续后_______日内至交易中心办理过户手续，所获得之收件收据由中介方收执；在共同办理产权过户手续中，各自应及时提供产权过户所需资料、证明并及时支付各项应付之税费。若因任何一方材料不齐或税费不足导致过户手续无法正常办理时，则过错方应承担相应责任。

5. 补充本合同第八条

甲、乙双方均确认：本交易过程当中所产生的各种税费，均由甲、乙双方依据国家及本市有关法律法规各自承担（合同公证费由_____方承担，转按揭涉及的费用由______方各半承担）；若遇国家政策或税费调整，甲、乙双方应依调整后的税费执行；由此所产生的损益均由甲、乙双方各自承担或享有，不得损害任何另一方、第三人的利益。

6. 补充本合同第十一条

本合同附件三之付款协议与补充条款具有同等法律效力。

7. 甲方同意乙方可以向贷款银行（即抵押权人）申请人民币_____元整（RMB___.00）的贷款用于支付部分房价款。乙方应于签订买卖合同后五个工作日内提供贷款所需资料，与贷款银行签署借款抵押合同以及其他相关文件，并支付一切相关费用。甲方应给予积极合理的配合。如乙方之贷款申请未获得贷款银行审批通过或审批通过金额不足，则任何不足部分均由乙方于办理交易过户手续前支付甲方。甲方贷款结清之前的借款本息仍由甲方承担。

8. 甲方承诺自该房地产权利转移之日起的二十日内/办理房屋交接前，向房屋所在地的公安派出机构办妥原有户口（若有）的迁出手续。如由于甲方未及时迁出户口造成乙方损失的，甲方承担赔偿责任。（譬如甲方同意按逾期一日支付人民币______元赔偿乙方直至实际迁出日止/甲方同意支付乙方人民币_____万元的赔偿金/乙方从房款中留存户口迁移保证金人民币_____元，待甲方办妥户口迁出手续后支付甲方）交房时间是否顺延由双方协商。

9. 在履行本合同过程中，甲、乙双方任意一方若未按照本合同履行的，即为违约；违约方每逾期一日，应向守约方支付本合同约定的总房价款的万分之五作为滞纳金（迟延履行违约金）；若该等逾期超过十五日的，则守约方有权单方面解除本合同并追究违约方的违约责任，该等违约金按本合同约定总房价20%计或要求违约方继续履行本合同且支付滞纳金（迟延履行违约金）直至恢复履行之日止。

10. 甲乙双方在本合同中记载的联系方式即为甲乙双方在本交易中的有效联系依据，任何一方若依据本合同记载的联系方式联系对方而未能联系到对方，则由对方承担不利后果；任何一方联系方式变更的应及时书面通知对方。

付款协议

1. 双方均确认：在签署本合同之前，乙方已支付甲方定金计人民币________万元整（RMB_____.00）。本合同签订后，该笔定金自行转为乙方支付给甲方的首期房价款。

2. 签订本合同当日/后______日内，乙方应支付甲方第二期房价款计人民币______元整（RMB_____.00）。

3. 待上海市_______区房地产交易中心出具以乙方为所有权人的房地产权证以及以贷款银行为抵押权人之他项权利证明后_______日内，乙方应委托贷款银行将人民币_______元整（RMB_______.00）的贷款直接付至甲方在抵押权人处的还贷账号用于冲抵甲方借款本息（已补足甲方部分除外）作为第三期房价款。

4. 乙方应于按本合同约定办妥该房屋交接及物业等户名变更手续同时支付甲方房价尾款计人民币_______元整，乙方凭房地产交接书到中介方领取其之房地产权证，本交易结束。

5. 本付款协议项下的所有房价款由乙方以人民币形式支付甲方（通过中介方支付甲方，列明哪几期）。

6. 甲方指定收款账号：（甲方任何一人收到任何款项即视为甲方已收到该笔款项多个权利人）

户名：

开户行：

账号：

六 房屋买卖确认书

房屋买卖确认书

甲方（出售方）：

乙方（买受方）：

丙方（中介方）：

<table>
<tr><td rowspan="4">房地产情况</td><td colspan="7">地址：____市____区____路____弄____号____室</td></tr>
<tr><td>房地产权证号</td><td></td><td>权利人</td><td></td><td colspan="3">证件号码</td></tr>
<tr><td rowspan="2">房屋情况</td><td>所有权性质</td><td></td><td>建筑面积</td><td></td><td>类型</td><td></td></tr>
<tr><td>结构</td><td></td><td>所处层数/总计层数</td><td></td><td>竣工日期</td><td></td></tr>
</table>

甲方委托丙方中介出售上址房屋，甲方愿以人民币________元整出售，交易中应支付的税费以及1%的中介服务费甲方需另行支付。乙方委托丙方中介购买上述房屋，乙方愿以人民币________元整买受，交易中应支付的税费以及1%的中介服务费乙方需另行支付。甲方或其代理人在此向乙方和丙方确认甲方出售房屋行为意思表示真实并已获得全体共有人的同意。甲方或其代理人在签订本确认书后，丙方有权代甲方或其代理人收受乙方的定金。甲

方须于收到丙方通知后一日内与乙方签订上海市房地产买卖合同。若丙方以等同价格或优于本确认书之条件代理甲方收受定金后甲方或其代理人不出售该房屋时，则需支付乙方房屋总价款的5%作为违约金，同时仍需支付丙方1%的中介服务费。

其他约定事项：____

____

__________________________________本确认书经三方签字即生效。

签订本确认书的任何一方对本确认书有任何疑义，皆须提请房屋所在地人民法院诉讼解决。

甲方签章：________　　　　乙方签章：________

签字日期：________　　　　签字日期：________

丙方签章：________

签字日期：________

七 定金保管书

定金保管书

（买卖）

委托保管人及受托方确认并同意：委托保管人________将已收的定金计人民币______元整（RMB________）（以下简称“该定金”）暂存受托方________保管；该定金系__________（购买方）为购买坐落于上海市________房地产所支付的。

于委托保管人与购买方签订正式有效的买卖合同之日起三日内，受托方将上述定金无息归还委托保管人；若委托保管人与上述购买方在签订买卖合同或相关协议前，发生与本交易有关的争议的，则委托保管人同意并授权受托方对该笔定金可以保管至相关争议得以解决，并依相关协议或有效法律文书进行处理。

委托保管人：__________　　受托方：__________

证件号码：__________　　经办人：__________

日　　期：__________　　日　　期：__________

八 房地产买卖交接书

1 房地产买卖交接书一

甲方：

乙方：

甲、乙双方于____年____月____日就____区____路____弄____支弄____号____室以及____车位之房地产（以下简称该房地产）交付验收事宜确认如下：

1. 根据双方于____年____月____日所签订的《房地产买卖合同》（以下简称《买卖合同》）的规定，甲方已将该房地产及《买卖合同》附件二所列之附属设施，设备交付乙方。经乙方验收后，认为甲方的交付行为完全符合《买卖合同》所规定的交付时间、条件及标准，乙方同意接受。

2. 甲方确认乙方已按《买卖合同》规定的时间及金额支付了相应的房价款计人民币___元整给甲方，剩余款项___元整由甲方凭本房地产买卖交接书至台庆房产领取。

3. 甲方确认乙方已支付了房屋装修费计人民币___元整给甲方。

4. 其他相关费用结算情况如下：

A.管理费：　　B.电话费：

C.水费：　　D.电费：

E.煤气费：　　F.卫视费：

G.其他费用：

5. 双方约定的其他事项：

____

____

6. 本协议一式两份，甲、乙双方各执一份。

甲方：　　　　　　　　　乙方：

日期：　　　　　　　　　日期：

2 房地产买卖交接书二[①]

甲方：

乙方：

甲、乙双方于____年____月____日就____区____路____弄____支弄____号____室以及____车位之房地产（以下简称该房地产）交付验收事宜确认如下：

1. 根据双方于____年____月____日所签订的《房地产买卖合同》（以下简称《买卖合同》）的规定，甲方已将该房地产及《买卖合同》附件二所列之附属设施，设备交付乙方。经乙方验收后，认为甲方的交付行为完全符合《买卖合同》所规定的交付时间、条件及标准，乙方同意接受。

2. 甲方确认乙方已按《买卖合同》规定的时间及金额支付了全部房价款计人民币____元整给甲方。

3. 甲方确认乙方已支付了房屋装修费计人民币____元整给甲方。

4. 鉴于该房地产目前存在租赁关系，甲乙双方确认，进行本次房屋交接时该租赁关系依然存在且符合甲乙双方签订之转租约协议书约定。乙方现已收到甲方交付之租赁保证金计人民币____元整。甲方也已安排乙方与承租方签订新的租赁合同/乙方与承租方均认可按照原租赁合同继续履行。

5. 双方约定的其他事项：

____

____

① 本交接书适用于房屋买卖出卖时带有租约已出租的情况时使用。

6. 本协议一式两份，甲、乙双方各执一份。

甲方：　　　　　　　　　　　乙方：

日期：　　　　　　　　　　　日期：

附件 1：房屋买卖交易流程

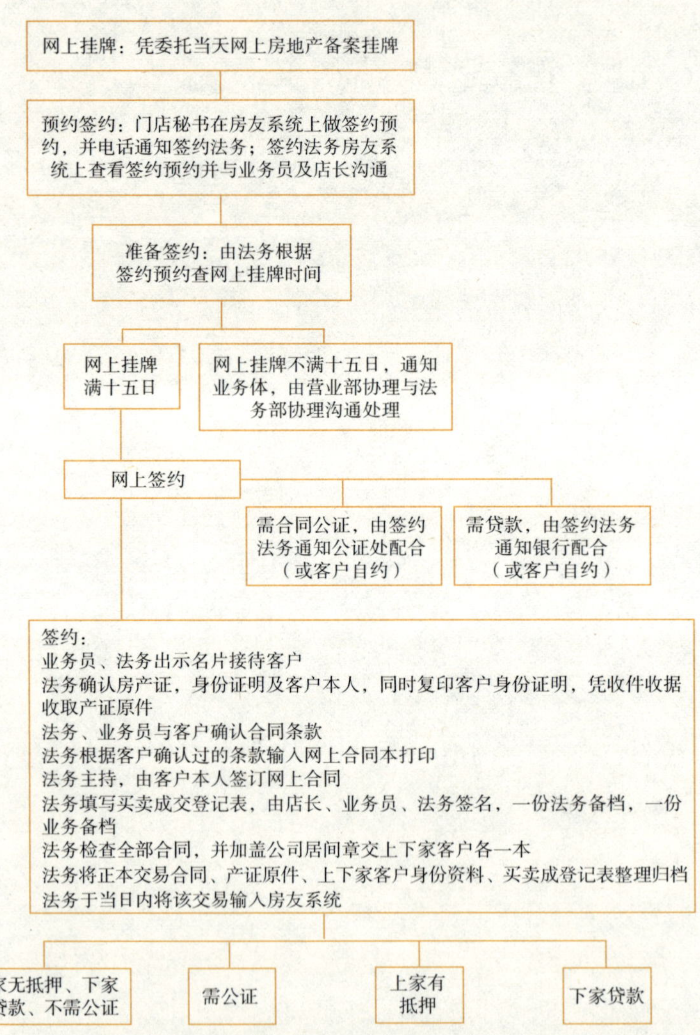

（接上页）

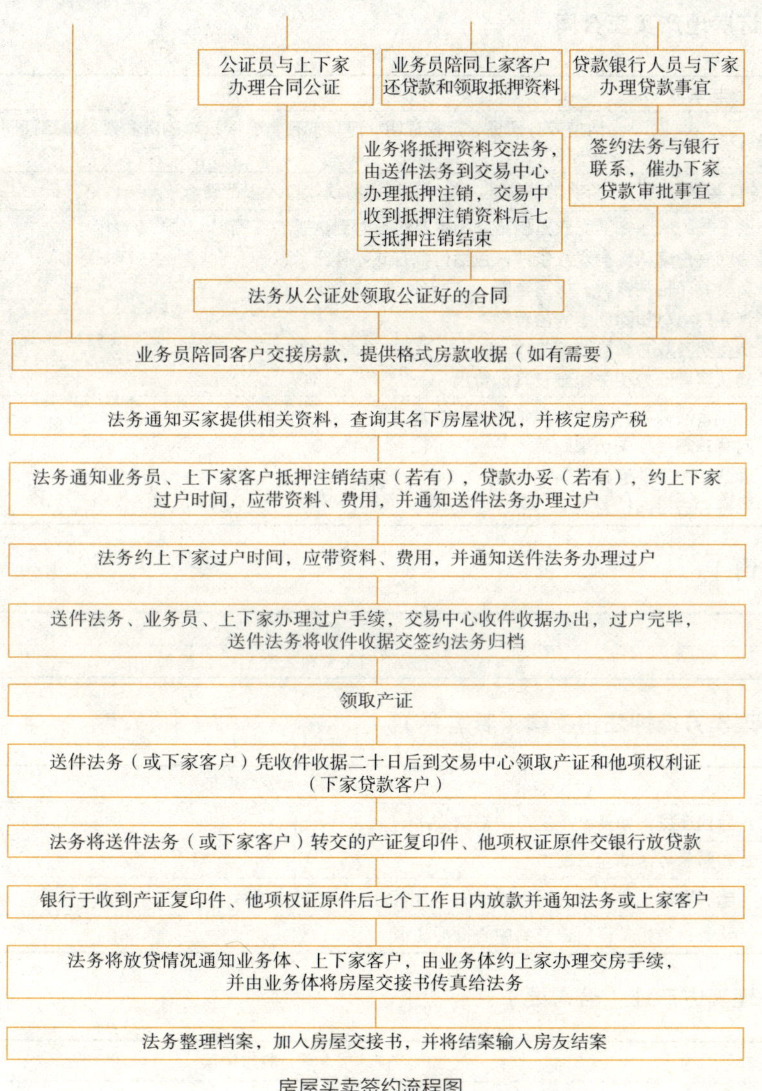

房屋买卖签约流程图

附件2：买卖案件流程参与细则（签约流程）

买卖案件流程参与细则

一、签订房地产买卖合同

参与人	参与事项	备注
卖方	签订买卖合同	请携带身份证、产权证明（产证或预售合同）、购房发票、婚姻证明（以上皆请携带原件）
买方	签订买卖合同	请携带身份证、首付款（请将钱款打入银行硬卡）
业务员	1. 请于签约前通知买卖双方携带好相关资料准时到达签约点签约 2. 协助客户确认买卖双方条件，包括付款方式、补充条款等 3. 负责复印相关资料，填写合同 4. 请客户填写扣除佣金的同意书 5. 负责买卖双方斡旋谈判工作 6. 确认买卖双方相关税费及其他费用	
法务	1. 制作合同文本，包括补充条款和付款方式等 2. 向客户解释相关法规政策 3. 确认相关案件流程 4. 对案件进行归档整理	

二、查询

参与人	参与事项
法务	法务携带相关资料去交易中心查询

三、办理卖方抵押注销手续（若需要）

参与人	参与事项
卖方	筹钱还贷，如资金不足可请垫资公司
买方	如愿意可帮助卖方还贷
业务员	陪同客户还贷，并将客户还贷后所有资料提供给过户法务
法务	法务携带相关资料去交易中心抵押注销

四、办理卖方产证（若需要）

参与人	参与事项
卖方	提供身份证件购房发票预售合同等，并缴纳税费和相关费用
业务员	陪同客户
法务	法务携带相关资料去交易中心办理产证（如需参与）

五、办理合同公证手续（若需要）

参与人	参与事项
卖方	到场签公证书，如有配偶需到场否则提供配偶同意书，婚姻证明，户口簿、身份证或护照、公证费
买方	到场签公证书，婚姻证明，户口簿，身份证或护照，公证费
业务员	请双方客户到场，提醒卖方携配偶，提醒带公证费
法务	联络公证处，提供合同，协调三方关系
公证处	帮助办理公证手续

六、申请/领取房款

参与人	参与事项
卖方	携带本人身份证件具业务员通知时间至签约点领款，如本人不能到场则提供有效委托书，领款后出具收款收条
业务员	填写房款申请书并确认金额，通知签约点法务
法务	整理领款资料申请房款，并通知业务员通知客户领款

七、办理买方贷款手续（若需要）

参与人	参与事项
买方	提供收入证明、婚姻证明、户口簿、身份证、私章，有配偶需到场
业务员	提醒客户带好材料
法务	联络银行，提供合同，协调三方关系
贷款银行	帮助办理贷款手续

八、办理买方贷款公证手续（若需要）

参与人	参与事项
买方	到场签公证书、婚姻证明、户口簿、身份证或护照、公证费
业务员	请客户到场，提醒卖方携配偶，带公证费
法务	联络公证处，提供合同，协调三方关系
公证处	帮助办理公证手续

九、办理房产税核税手续

参与人	参与事项
买方	携带买卖合同、产证复印件、身份证、婚姻证明、户口簿，查询名下房屋状况5个工作日出结果，再核定房产税，须10个工作日出结果
业务员	联络陪同客户
法务	携带相关资料至交易中心办理房产税核定手续

十、办理过户缴税等手续

参与人	参与事项
卖方	携带购房发票、契税完税证、身份证、产证（预售合同）、婚姻证明、户口簿、私章，本人到场
买方	身份证、私章，本人到场
业务员	联络陪同客户
法务	携带相关资料至交易中心办理过户手续

十一、领取产证（登记证）

参与人	参与事项
法务	法务携带相关资料去交易中心领取产证（登记证）

十二、交房（交接房屋款项）

参与人	参与事项
卖方	本人携带身份证到签约点，填写房屋交接书，领取合同等资料，领款需出具收款收据
买方	本人携带身份证到签约点，填写房屋交接书，领取产证及房屋其他资料并出具收据
业务员	陪同客户到场办理水电煤房屋的交接手续
法务	提供相关资料给客户

附件3：个案税费明细表

出售方税费清单

房屋状况

房屋地址：上海市____区____路____号____室

合同价：____________

费用清单：

合同印花税：成交价格×0.05%	¥________
交易手续费：建筑面积×2.5元/m²	¥________
合同公证费：成交价格×0.25%+250	¥________
营业税及附加税：5.65%：	¥________

续 表

个人所得税：1%、2%、20%	¥______
中介费：	¥______
物业过户费：	¥______
其他费用：	¥______
合计：	¥______

过户所需资料：□身份证明原件（未成年人需出生证明或独生子女证和户口簿） □产证原件
□上手合同（上手买进为开发商） □贷款
□合同及抵押登记相关资料银行出具的利息清单 □上手发票 □上手契税完税单 □私章
□公证委托书 □委托人身份证明复印件 □受托人身份证明原件

□______________________

1. 以上相关税费及过户所需相关资料均为现行相应法律法规规定，若实际办理时遇相关法律法规变动，则交易相关税费及所需资料均以实际发生及所需为准。

2. 出售方对上述情况明确并认可。

3. 其他约定：______________________

客户确认：__________ 日期：__________

买受方税费清单（住宅）

房屋状况

房屋地址：上海市____路____弄____号____室

建筑面积：__________m^2 成交价格：__________万

贷款数额：__________ 贷款年限：__________年

费用清单（元）

产权过户交易费用	契税：成交价格×1.5%或3%，车位:成交价格×3%	¥____
	合同印花税：成交价格×0.05%	¥____
	交易手续费：建筑面积×2.5元/m^2	¥____
	交易登记费：80元/件	¥____
	抵押登记费：80元/件	¥____
	配图费：25元/件	¥____
	权证印花税： 5元/件	¥____
贷款费用	保险费：贷款金额(万元)×保险费系数	¥____
	评估费：成交价格×0.1%	¥____
	转按揭费：上家1000元,下家:贷款金额×0.3%	¥____
公证费	合同公证费：成交价格×0.25%+250	¥____
	委托公证费：400元/件	¥____
	贷款公证费：贷款金额×0.3%	¥____
	物业过户费	¥____
	中介费	¥____
	其他费用：	¥____
	房产税：	¥____
	合计：	¥____

过户应带资料：□身份证明原件（未成年人需出生证明或出生证明和户口本）

□公证委托书　□委托人的身份证明复印件　□私章　□__________

1. 以上相关税费及过户所需相关资料均为现行相应法律法规规定，若实际办理时遇相关法律法规变动，则交易相关税费及所需资料均以实际发生及所需为准。

2. 买受方对上述情况明确并认可。

3. 其他约定：____

客户确认：______________　　　　　　日期：______________

附件4：签约预约表

签约预约表

预计签约时间		预约签约地点		委托编号	
开发店		开发人员			
销售店		销售人员			

续 表

<table>
<tr><td>卖方姓名</td><td colspan="4"></td><td>身份</td><td colspan="2">□有 □无 境外</td></tr>
<tr><td>买受方姓名</td><td colspan="4"></td><td>身份</td><td colspan="2">□有 □无 境外</td></tr>
<tr><td colspan="8">房地产状况</td></tr>
<tr><td>房地产证</td><td colspan="2"></td><td>转让方式</td><td>□买卖□租赁</td><td>成交类型</td><td colspan="2">□合同
□定金</td></tr>
<tr><td>地址</td><td colspan="2"></td><td>建筑面积</td><td></td><td>车位</td><td colspan="2">□有□无</td></tr>
<tr><td>房屋类型</td><td colspan="2">□ 商用 □ 独幢 □ 非独幢</td><td colspan="2">□ 期房 □ 现房</td><td>成交价</td><td colspan="2"></td></tr>
<tr><td colspan="8">付款方式</td></tr>
<tr><td colspan="2">定金</td><td colspan="2">万元</td><td>支付期限</td><td colspan="3"></td></tr>
<tr><td colspan="2">首期房价款</td><td colspan="2">万元</td><td>支付期限</td><td colspan="3"></td></tr>
<tr><td colspan="2">二期房价款</td><td colspan="2">万元</td><td>支付期限</td><td colspan="3"></td></tr>
<tr><td colspan="2">三期房价款</td><td colspan="2">万元</td><td>支付期限</td><td colspan="3"></td></tr>
<tr><td colspan="2">尾款</td><td colspan="2">万元</td><td>支付期限</td><td colspan="3"></td></tr>
<tr><td>卖方</td><td>□有□无贷款</td><td>贷款银行</td><td></td><td>贷款金额</td><td></td><td>还款时间</td><td>□是□否满一年</td></tr>
<tr><td colspan="8">买方（包括配偶）：□是□否要贷款　此前□是□否有贷款　有___套房贷　本次欲贷成数：___成</td></tr>
<tr><td colspan="8">希望贷款的年限：_____　□是□否公积金贷款　学历：____　工作：____</td></tr>
<tr><td colspan="4">房屋□是 □否存在租赁 □是 □否网上挂牌</td><td colspan="4">承租人□是□否放弃有限购买权</td></tr>
<tr><td colspan="4">房屋维修基金、管理费押金□是□否包含在房价内</td><td colspan="4">电话、卫星电视申请费□是□否另外结算</td></tr>
<tr><td colspan="4">出售方签约应带资料</td><td colspan="4">买受方签约应带资料</td></tr>
<tr><td colspan="4">□ 有效产调
□ 身份证明（不满18周岁的要出生证明及户口簿）
□ 委托书
□ 产权证明
□ 上手契税完税凭证、上手购房发票
□ 上手购房发票
□ 公证委托书（产权人未到场）
□ 放弃优先购买权（有租约的）
□ 私章
□ 带齐所有开发商出具的资料（期房）</td><td colspan="4">□ 身份证明原件
□ 私章
□ 委托书</td></tr>
<tr><td colspan="2">开发店店长确认</td><td colspan="2"></td><td colspan="3">销售店店长确认</td><td></td></tr>
</table>

附件5：房屋买卖房款交接流程

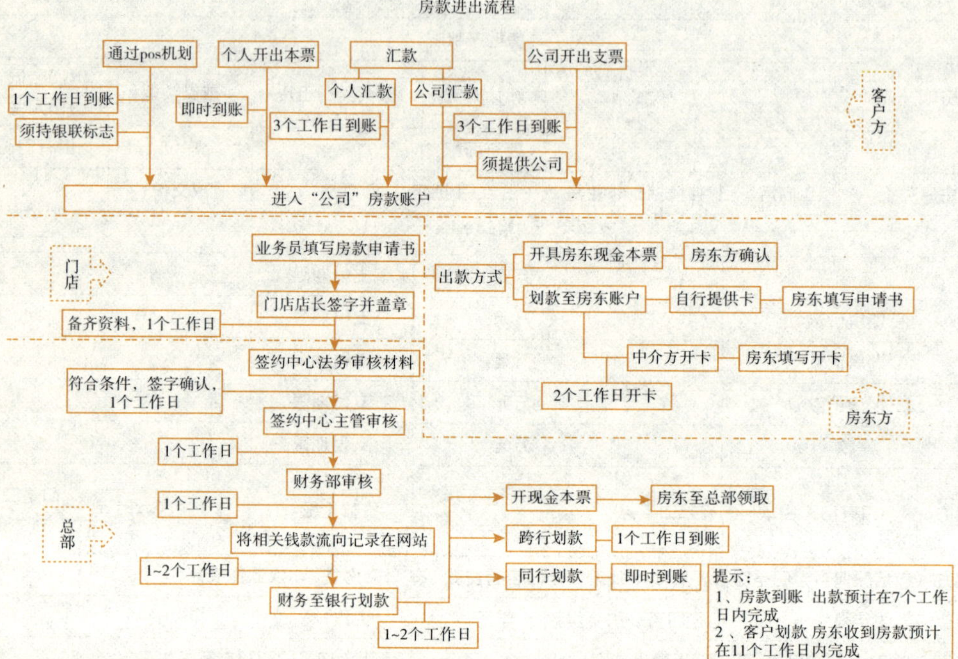

第五章

不转移占有的方式取得债务担保——

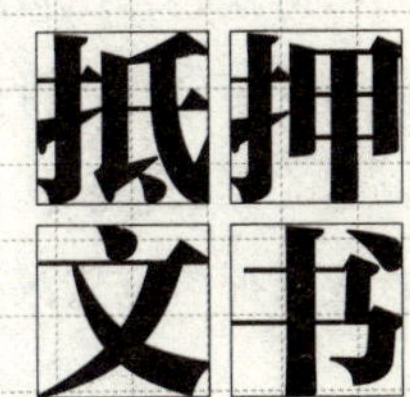

房地产抵押贷款是指承贷人以自己合法拥有的房地产作为抵押物，向受贷银行贷款，承贷人到期如不清偿贷款，受贷银行即享有对抵押物处置收益的优先受偿权的法律行为。

价值·依据·评估

《关于规范与银行信贷业务相关的房地产抵押估价管理有关问题的通知》明确要求商业银行在发放房地产抵押贷款前，要确定房地产抵押价值，作为核定贷款发放额的依据。因此评估师客观、合理的确定抵押房地产的市场价值，有效的控制和规避房地产抵押评估中存在的风险尤为重要。

房地产开发贷款、个人住房贷款，以及其他贷款，通常将房地产作为抵押物。而房地产抵押价值如果过高，就容易造成信贷风险，如果过低，抵押物的担保作用就得不到充分发挥。

房地产抵押贷款包括三种形式，一是存量房地产抵押贷款，即是指抵押人以已建成的房地产作抵押而向银行获取贷款的行为；二是预购商品房抵押贷款，即是指购房人在支付首期房价款后，由贷款银行代购房人支付其余的购房款，同时将所购商品房抵押给贷款银行作为偿还贷款履行担保的行为；三是在建工程抵押贷款，即指抵押人为获取在建工程建造资金的贷款，以其合法方式取得的土地使用权连同在建工程的投入资金，以不转移占有的方式抵押给贷款银行作为偿还贷款履行担保的行为。

一 房地产抵押存在的六种风险①

1 税收风险：增值额越大，风险提升

就目前上海市地方税务局发出《关于加强个人非居住用房出售、租赁行为税收征收管理工作的通知》（以下简称《通知》）为例加以说明。《通知》明确规定：个人出售非居住用房，应全额缴纳营业税、土地增值税、各种附加税和个人所得税；个人出租非居住用房，应全额征收5%的营业税、12%的房产税和个人所得税。据了解，根据1998年上海财税局出台的房产税收政策，上海市民出售房产取得的售房收入所应缴纳的各种税种统一按5%综合征收。而按照此次政策规定，非居住用房投资者负担的税费要远大于5%。举例来讲，银行向××公司发放流动资金贷款人民币2700万元，期限为1年，估价时点抵押物的评估值为5500元，抵押率为49%，符合银行的相关标准条例规定。如果完全以市场接受的价格来测算贷款风险，抵押物是位于市中心的商铺，足额回收贷款的风险比较小。

按照目前的税收制度，个人转让非居住用房涉及的五项税：第一，是按房价的0.05%缴纳印花税；第二，是按转让价与购进合同价的差价的5%缴纳营业税；第三，是按营业税额的11%缴纳城建税、教育费附加等；第四，是按转让房产所取得增值额征收土地增值税。增值额未超过扣除项目（指购进房价加可以扣除的印花税、营业税、城建税、教育费附加等）金额50%的部分，税率为30%；增值额超过扣除项目金额的50%～100%的部分，税率为40%；增值额超过扣除项目金额的100%～200%的部分，税率为50%；增值额超过扣除项目金额的200%的部分，税率为60%；第五，是个人所得税20%。以公司的抵押物处置为例，抵押房产原始价格为1200万元，考虑到目前房价波动等因素，假设以拍卖价格为4200万元计（单价约2.1万元），应缴纳税收如下：

序号	项目	计算方式
1	印花税	4200×0.05%＝2.1（万元）
2	营业税	（4200－1200）×5%＝150（万元）

① 佚名．浅析房地产抵押中存在的风险及控制［DB/OL］．〔2011〕．http://www.examda.com/fdc/Policy/Guide/20081215/112532308.html.

续 表

序号	项目		计算方式
3	城建税、教育费附加和河道整治费		150×5%＝16.5（万元）
4	土地增值税	增值金额	3000（万元）
		可扣除项目	1200＋2.1＋150＋16.5＝1368.6（万元）
		应纳税金额	4200－1368.6＝2831.4（万元）
		纳税金额累进	684.3×30%＝205.29（万元）
			684.3×40%＝273.72（万元）
			1368.6×50%＝684.3（万元）
			94.2×60%＝56.52（万元）
		土地增值金额	205.29＋273.72＋684.3＋56.52＝1219.83（万元）
5	个人所得税		[4200－（1200＋168.6＋1219.83）]×20%＝322.314（万元）

拍卖公司抵押房产应缴纳税收合计为1710.744万元，拍卖后价款为2489.256万元，再除去拍卖费用210万元（约为拍卖价格的5%），可以用以偿还贷款的金额仅为2279.256万元，远低于贷款本金（2700万元），风险显而易见。另外，在拍卖后，如不能提供抵押物购入时的原始发票，增值税将按照拍卖价格计征，这样纳税金额将进一步提高，风险增大。就上述测算看，税收占房产增值额的50%左右，增值额越大，税收越高，实际可以用以归还贷款的款项也相应减少，而60%左右的抵押率仍具有一定的风险。

2 抵押物风险：涵盖3种类别

抵押物风险主要包括抵押物权利瑕疵风险、抵押物价值下跌、抵押物处置风险等。

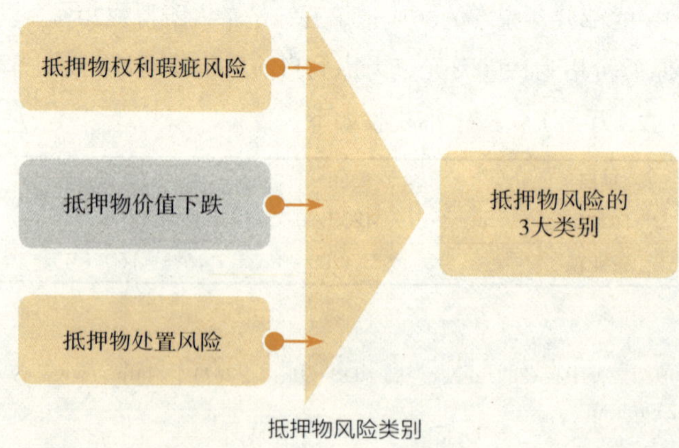

抵押物风险类别

（1）抵押物权利瑕疵风险

从目前看，抵押物权利瑕疵风险主要指以下两种情况：第一，是在一些地区，由于土地管理部门与房产管理部门相互独立，完整的房地产权利证书是由土地使用证、房屋所有权证构成，但由于相关政府部门各行其是、缺乏协调，许多房屋并无土地使用权证，房产管理部门也在不问土地使用权性质、不查验土地使用权证的情况下，对房屋单独办理抵押登记。由于土地权利的不确定性，银行在行使抵押权时也存在一定的不确定性；第二，是对在集体土地上建设的房屋设定抵押权。这种情况在经济发达地区的乡镇出现较多，也存在于一些地区的自建房贷款中。因国家对集体土地使用权转让进行了严格限制，银行在处置集体土地上所建房屋时，将面临政策障碍，即便能够处置也要付出非常高昂的成本。

（2）抵押物价值下跌

抵押物价值下跌风险主要指由于房价回落、抵押物折旧、毁损、功能落后等原因导致价值下跌，不能足额抵偿借款人所欠银行贷款本息的风险。一般而言，房屋作为耐用消费品，还具有保值、增值的作用，但在房地产炒作资金撤离、地区经济进入衰退期、房地产供大于求的状况下，房地产价格会出现整体性下跌。此外由于个人住房贷款还款周期很长，抵押物价值下跌始终将是笼罩在银行头顶的一把利剑。

（3）抵押物处置风险

抵押物处置风险是指因法律或事实原因，银行对抵押物不能处置或处置成本很高的风险。目前，与抵押物处置最密切的主要来自于法律规定的风险。而银行发放的个人住房贷款中的90%以上是抵押贷款，只有不足10%的贷款采用保证担保方法。于2005年1月1日起施行的《最高人民法院关于人民法院民事执行中查封、扣押、冻结财产的规定》（法释〔2004〕15号，以下简称《规定》）直接涉及银行个人住房抵押贷款的安全问题。《规定》第六条规定：“对被执行人及其所抚养家属生活所必需的居住房屋，人民法院可以查封，但不得拍卖、变卖或抵债”；第七条规定：“对于超过被执行人及其所抚养家属生活所必需的房屋和生活用品，人民法院根据申请执行人的申请，在保障被执行人及其所抚养家属最低生活标准所必需的居住房屋和普通生活必需品后，可以执行”。从法律后果看，《规定》第六条造成银行抵押权被实际悬空，第七条则为银行行使抵押权设定了前置性义务，加大了银行抵押权行使成本。《规定》的上述条款使银行开展个人住房抵押贷款面临众多不确定因素：首先，是没有明确“生活必需的居住房屋”的判断标准，执行法官的主观判断可能左右实际执行效果；其次，是没有明确在被执行人收入水平超过当地最低生活保障标准的情况下，是否能对抵押房屋予与执行；再次，是没有明确被执行人存在主观恶意时，能否对抵押房屋予与执行；最后，是没有明确抵押权人提供“必需的居住房屋”的时间限制。

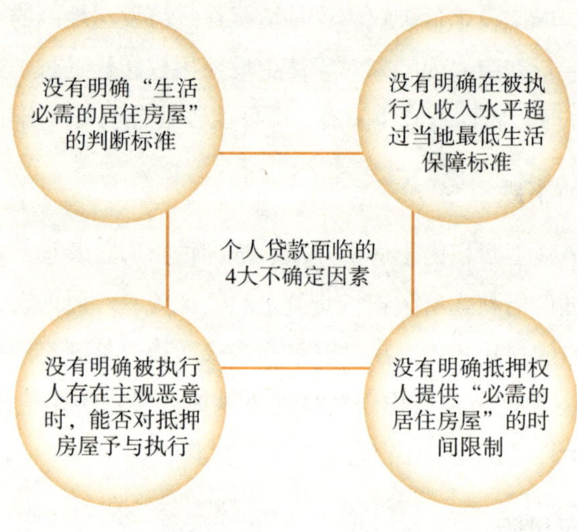

个人贷款面临的4大不确定因素

3 变现风险

房地产是一种比较特殊的商品，它不能移动，属于不动产。因此，投资于房地产项目中的资金流动性差，变现性也较差，不像其他商品那样，容易收回资金。房地产资金变现风险主要是不能变成货币或延迟变成货币。

4 社会和政策性风险

任何国家的房地产都会受到社会经济发展趋势和国家相关政策的影响。如果经济繁荣，政策鼓励支持，则房地产价格看涨，相反则会看跌，我国也不例外。新的房地产政策的出台，对2005年上海房地产市场的影响显而易见，二手市场的交易量明显减少，出现了持币待购的现象。对抵押权人来说，这些因素是应该充分考虑的，若银行不注意经济形势和宏观政策形势的变化，很可能遭受损失。

5 经济性风险

目前，房地产市场还是一种不充分的市场，其特征就是缺乏信息，许多房地产的交易和定价是悄悄进行的，这种交易行为往往忽视它们涉及的法律条文、城市规划、税费等规定。另外，房地产商品不同于一般的商品，即使是外形、尺寸、年代、风格、建筑标准等都相同的建筑，只要建设位置不同，其价值就有很大差异。此外，如对房地产抵押过程中的诸多细节了解不详尽，也有可能造成不必要的损失。如抵押一套住宅，如果在处置这套住宅时发现房屋的上、下水管道和结构上存在问题，就会使抵押权人遭到损失。

6 或然损失风险

抵押权人可以将火灾、风灾和其他自然灾害引起的抵押房地产的损失转移给保险公司，然而在保单中规定的保险公司的责任并不是包罗万象，因此有时也存在着风险。

二 抵押贷款存在六大问题

抵押贷款存在的问题，既影响抵押关系的形成，又影响房地产价值的实现，同时也破坏了金融市场和房地产市场的秩序。

1 抵押人以非己所有的房地产设定抵押的6种形式

这种抵押主要包括：盗用证书抵押，即盗取他人的房地产权属证书用于抵押贷款活动；借用证书抵押，即通过有偿或无偿地借用他人房地产权属证书的方式用于抵押贷款活动；冒领证书抵押，即冒用他人名义办理房地产权属证书，并用于抵押贷款活动；托管证书抵押，即将他人委托自己保管的房地产权属证书用于抵押贷款活动；租赁房地产抵押，即承租人以自己租赁的房地产用于抵押，等等。这些违法行为，在侵犯了金融部门的担保权的同时，也侵犯了房地产权人的财产权。

非己所有房地产抵押的6种形式

2 抵押人以非法抵押物做抵押

即将法律法规禁止或不宜用于抵押的房地产作抵押。如将权属有争议的房地产用于抵押，将用于教育、医疗、市政等公共福利事业的房地产用于抵押；将列入文物保护的建筑物和有纪念意义的房地产用于抵押；将已依法公告列入拆迁范围内的房地产用于抵押；将被依法查封、扣押的房地产用于抵押，等等。这类违法行为除破坏了金融秩序外，更违犯了房地产管理秩序。

3 抵押的权利义务不明确

有的抵押人在没有告知承租人的情况下，将出租的房地产用于抵押；或者抵押人在抵押合同成立后，未经抵押权人的同意，将抵押物出租，且租赁期限高于抵押期限，致使当抵押权实现时，引起抵押人、抵押权人和承租人三者之间的矛盾；有的抵押合同对抵押物的妥善保管问题未能作出明确规定，致使抵押权实现时因抵押的房地产发生不合理贬值、毁损或灭失而产生纠纷；有的抵押人在抵押期间，将抵押的房地产用于投资；有的抵押合同存在违法约定，如“债务人在债务清偿期限届满而不能给付的，抵押物自然转移给抵押权人”的抵断约定，等等。

4 签约当事人意思表达不真实

如承贷方隐瞒真实情况，以即将被拆迁、征用的房地产用于贷款抵押；对共有房地产设定抵押的，在共有人实际未表示同意的情况下，谎称或伪造书面文件假造共有人同意，等等。

5 评估价格失真情况普遍

比如，贷前评估时，将低值高估，结果到期不能还贷，拍卖的房地产又无人问津，只好以物抵债，银行因此受到很大损失；还有很多银行，以将来还贷时涉及付债、诉讼等费用较高为由，要求抵押人降低抵押物的价值，否则不予贷款。抵押人无奈，只好要求评估公司高值低估，结果导致合同显失公平。在以房地产抵债的评估中，很多评估机构不是以房地产的实际价值为标准，而是以纠纷的标的额为依据上下浮动，最终纠纷以银行取得房地产产权，债务人直接充抵债而告终，致使诉辦双方均对评估提出质疑。此外，不同的评估机构对同一宗房地产的评估结果往往也相差很大，同一评估机构运用不同方法得出的评估结果也不相同。主管评估结果确认的有关部门往往也是你来认证，我就给你确认，导致同一房地产抵押双方各执一词，引发纠纷。

⑥ 贷款抵押合同不予登记

房地产抵押贷款合同属于要式合同，必须办理抵押登记方能生效。但是，在当前房地产抵押贷款中，不办理登记的现象相当普遍，导致许多抵押合同无效。

地产中介百宝箱

一 房地产借款合同

房地产借款合同

放款人（抵押权人）：　　（以下简称为甲方）

住所：

身份证号：

联系电话：

借款人（抵押人）：　　（以下简称乙方）

住所：

身份证号：

抵押共有人：

住所：

身份证号：

联系电话：

第一条 总则

甲乙双方于___年___月___日签订本合同，乙方愿以其合法拥有的房地产以不转移占有的方式抵押给甲方，作为借款的担保，并支付合同约定的利息和相关费用。为进一步明确双方的权利和义务，经双方当事人协商一致，特订立本合同，以资遵照履行。

第二条 抵押房地产

房地产坐落：

建筑面积：

房地产权利人：

抵押房地产价值（双方协商确定）：

房地产权证编号：

第三条

鉴于该抵押房地产已于___年___月___日至___年___月___日抵押给________抵押担保金额为人民币_______________。乙方愿将该抵押房地产的余额部分再次抵押给甲方，甲方已知其为第二顺位受偿人。

第四条 抵押房地产担保范围

借款本金、利息、违约金，损害赔偿金和实现抵押权所需费用等。

第五条 借款本金及借款期限

借款本金：人民币__________元。

利率：____________________。

借款期限：___年___月___日至___年___月___日。

本合同签订后，甲乙双方共同至房地产登记部门办理抵押登记，申领《房地产其他权利证明》。

第六条 抵押房地产的占管

抵押期间，乙方承诺对占管的抵押房地产妥善保管，负有维护、保养、保证完好无损的责任，有义务配合甲方的监管和检查。

第七条 抵押房地产处分限制

抵押期间，未经甲方同意，乙方不得将抵押房地产转让、变卖、抵偿债务或以其他交易方式处置，若由此造成甲方损失的，乙方应承担赔偿责任。

第八条 乙方承诺

乙方保证对抵押房地产拥有合法的完全所有权。

第九条 违约责任

按甲方规定，乙方逾期还款，除应向甲方归还本金外，还应支付：

1. 利息：按月计算，不足一个月，按一个月计算，利率________________。

2. 违约金（逾期违约费）：____。

3. 甲方在催讨本金及执行期间发生的劳务费及差旅费、律师费、评估费、公证费、拍卖费等相关费用。

第十条 房地产抵押法律关系的终止

乙方还清借款本息、支付完毕相应费用，并已全部履行本合同各项条款，抵押合同即告终止，甲乙双方共同/乙方委托甲方在抵押合同终止之日起10日内到房地产登记部门申请办理抵押登记注销手续。

第十一条 处分

根据相应法律条款，处理该房产，如乙方逾期不履行或不完全履行还款义务，则甲方有权处分上述抵押的房产以清偿债务。

第十二条 费用

与抵押房地产有关的评估、保险、鉴定、登记等费用由乙方承担。

第十三条 通知条款

所有的通知事项应寄往本合同首页所到的地址。

若上述地址在境外的，自通知以挂号、快递或电传方式发出的30日后，视为对方已收悉;若上述地址在境内的，自通知以上述方式发出的10日后，视为对方已收悉，任何一方变更地址的应按上述方式通知对方，并要收到对方确认后，地址变更才生效。

第十四条 强制执行

如乙方逾期不履行或完全不履行还款义务的，则自愿放弃诉讼，接受有管辖权的法院的强制执行。

第十五条 合同生效及份数

本合同经甲乙双方签章，按第五条约定办妥登记之日起生效。

本合同一式____份，由贷款人、借款人、交易中心各持一份。

抵押权人：　　　　　　　　抵押人：

日期：　　　　　　　　　　日期：

抵押共有人：

日期：

二 房地产抵押合同①

借款抵押合同

合同编号：__________

抵押权人（甲方）：__________　　　　　身份证：__________

抵 押 人（乙方）：__________　　　　　身份证：__________

为了确保抵押权人_____与债务人_____签订的（主合同名称及编号）_____（下称主合同）的履行，抵押人愿为抵押权人按主合同与债务人形成的债权提供抵押担保。根据国家有关法律法规，当事人各方经协商一致，订立本合同。

第一条 被担保的主债权种类、本金数额

被担保的主债权种类为借款，本金数额（币种及大写金额）为_________。

第二条 抵押担保的范围

抵押担保的范围包括主债权本金、利息、罚息、复利、违约金、损害赔偿金，以及诉讼(仲裁)费、律师费、处置费、过户费等抵押权人实现债权和抵押权的一切费用。

第三条 抵押物

1. 抵押人同意以__________________设定抵押。该房屋的面积：________________。

① 本合同配合《房地产借款合同》使用。

2. 上述抵押物暂作价（币种及大写金额）人民币____整（备注：大于已抵押的金额）。

第四条 抵押借款的期限

____年____月____日至____年____月____日。

第五条 抵押人承诺

1. 抵押人已按有关规定和程序取得本合同担保所需的授权。

2. 抵押人对抵押物拥有充分、无争议的所有权或者处分权。

3. 抵押物依法可以流通或者转让。

4. 抵押物不存在被查封、扣押、监管等情况。

5. 抵押人如实告知抵押权人拖欠税款、抵押物建设工程价款等款项及抵押物已设定抵押、已出租等情况。

6. 抵押人已就本合同项下抵押事宜征得抵押物共有人同意。

第六条 抵押权的效力

抵押权的效力及于抵押物的从物、从权利、代位物、分离物、附和物、混合物、加工物及法律法规规定的其他财产和权利。

第七条 抵押物的占管

1. 本合同项下抵押物由抵押人占管，抵押人对抵押物负有妥善管理和合理使用的义务。抵押权人有权监督和检查抵押物的管理和使用情况。

2. 抵押期间，未经抵押权人书面同意，抵押人不得对抵押物作出赠予、转让、出租、再抵押或者其他任何方式的处分。经抵押权人书面同意，抵押人以转让、出租或者其他方式处分抵押物的，所得价款应用于提前清偿所担保的债权或者提存。

3. 抵押期间，抵押物价值减少的，抵押权人有权要求抵押人恢复抵押物的价值或者提供抵押权人认可的与减少价值相当的担保。

第八条 抵押物的保险

1. 抵押人应根据抵押权人的要求办理有关保险，并指定抵押权人为该项保险的第一受益人，保险单据原件交与抵押权人保管。

2. 保险费由抵押人承担，抵押人应按时足额缴纳保险费，并履行保险合同（含保险单或者其他保险凭证，下同）项下的其他义务。抵押期间，抵押人未按约缴付保险费或者办理保险（续保）手续的，抵押权人有权代为垫付或者办理保险（续保）手续，相关费用由抵押人承担。抵押人同意抵押权人从其在抵押权人处开立的账户中直接划收上述费用。

3. 抵押期间，抵押物发生保险事故的，抵押人应立即通知保险人及抵押权人，并负责索赔事宜。抵押人未及时通知或者索赔，造成抵押权人损失的，应当承担赔偿责任。

第九条 抵押登记

1. 抵押人应在本合同生效后五日内到有关登记机构办理抵押登记手续；抵押物的他项权利证书、抵押登记文件或者其他权利证书由抵押权人占管。

2. 抵押期间，如需登记机关办理变更登记的，抵押人应及时到有关机关办理相应的变更登记手续。

3. 抵押期间，抵押权人依本合同约定转让抵押权的，抵押人应当协助抵押权人、受让人办理相应的变更登记手续。

第十条 抵押权的实现

1. 发生下列情形之一的，抵押权人有权行使抵押权，并可以与抵押人协议以抵押物折价，或者以拍卖、变卖抵押物的价款优先受偿：

（1）主合同项下债务履行期限届满，抵押权人未受清偿。“期限届满”包括主合同约定的债务履行期限届满，以及抵押权人依照国家法律法规规定或者主合同的约定宣布主合同项下债权提前到期的情形。

（2）债务人、抵押人被撤销、吊销营业执照、责令关闭或者出现其他解散事由。

（3）债务人、抵押人被人民法院受理破产申请或者裁定和解。

（4）抵押物被查封、扣押、监管或者被采取其他强制措施。

（5）抵押物毁损、灭失或者被征收、征用。

（6）抵押人未按抵押权人要求恢复抵押物的价值或者提供相应的担保。

2. 本合同所担保的债权同时存在两个以上物的担保人的（含债务人自身提供物的担保），抵押权人有权就其中任一或者各个担保物行使担保物权。

3. 抵押人为债务人以外的第三人，且债务人同时为本合同所担保的债权提供物的担保，抵押权人放弃该担保物权、担保物权顺位或者变更担保物权的，抵押人同意继续按本合同约定为主合同项下债权提供抵押担保。“该担保物权”是指债务人为主合同项下债权提供物的担保所形成的担保物权。

第十一条 违约责任

1. 本合同生效后，抵押权人不履行合同义务，造成抵押人损失的，应承担相应的赔偿责任。

2. 抵押人有下列行为之一的，应按本合同所担保主债权本金数额的 1 %向抵押权人支付违约金；造成抵押权人损失的，应同时给予全额赔偿：

（1）未取得本合同担保所需的合法有效授权。

（2）未如实告知拖欠税款、抵押物建设工程款等款项，以及抵押物存在共有、争议、异议、已设定抵押、已出租或者被查封、扣押、监管等情况。

（3）未按本合同约定办理抵押登记手续。

（4）未按抵押权人要求恢复抵押物价值或者提供相应的担保。

第十二条 费用承担

本合同项下抵押物的登记、评估、保险、鉴定、公证、提存等费用由抵押人承担。

第十三条 争议的解决

本合同履行中发生争议，可由各方协商解决,也可按以下的某 1 种方式解决：

1. 诉讼。由抵押权人住所地人民法院管辖。

2. 仲裁。提交____________________（仲裁机构全称）按其仲裁规则进行仲裁。

第十四条 合同的生效

本合同自各方签字或者盖章之日起生效。

第十五条 本合同一式____份，其中抵押权人一份，抵押人一份，____份，效力相同。

第十六条 提示

抵押权人已提请抵押人注意对本合同各条款作全面、准确的理解，并应抵押人的要求作了相应的条款说明。签约各方对本合同含义认识一致。

第十七条 备注：____

____

____

抵押权人（签字）　　　　　　抵押人（签字）

____

签约日期：____年____月____日

签约地点：________________

三 房地产借款合同担保文书①

房地产借款合同担保书

编号：____________

保证人：________　　　　身份证号：______________________________

地址：____

鉴于你向________（下称“借款人”）提供（币种）__________借款（金额）________（大写：__________）（下称“借款”）。该借款合同（下称“合同”）编号为______。该借款期限为________，利率为_______，用于_________。本保证人已了解并同意“合同”所有条款，应“借款人”要求，现本保证人同意为上述“借款”全额担保，特此开立以你为受益人的无条件的、不可撤销的担保书，向你保证如下：

一、本保证人保证“借款人”全面履行“合同”。如“借款人”未能按“合同”规定偿付各期到期（包括被宣布到期）应付款项，包括本金、利息、费用、罚息、违约金和赔偿金（以下称“到期应付款项”），不论由何原因造成，对此全部和任何“到期应付款项”，本保证人保证按下述第二条规定承担连带赔偿责任。

二、如果“借款人”未能按“合同”规定如数偿付上述“借款”，你即有权直接向本保证人索偿，而无须先行向借款人追偿，本保证人保证在收到你第一次书面索付通知后十五天内，即无条件按通知要求将上述“借款人”的全部“到期应付款项”以“合同”规定的币种主动支付给你，应支付额计算至本保证人实际支付日。

三、如果本保证人未能按前条规定期限履行上述担保责任，由此造成的延付利息和你的其他经济损失由本保证人与借款人共同承担连带担保责任。

四、本保证人同意，今后若需追加“借款”金额，对不超过“合同”金额__________%的追加贷款部分，按本担保书规定承担担保义务。

五、在“合同”项下全部应付款项清偿完毕之前，本保证人不能行使由于履行本保证项下义务而获得的任何代位权和索偿权。

---

① 本担保文书配合房地产借款合同使用。

六、本保证人在此同意及确认，如你与“借款人”修改、补充、删除“合同”条款，丝毫不影响上述第一、第二、第三、第四条规定的担保责任和义务，但是变更“贷款”用途条款者除外。除“借款”用途条款变更以外，“合同”中其他条款的变更无须征得本保证人同意。“合同”中与担保金额和期限有关的条款变更以后，本担保书的担保期限即自动顺延，上述担保义务不变，除非本保证人主动偿付全部“到期应付款项”；担保金额则按本担保书规定的范围及上述期限变更后的贷款利率执行，除非本保证人另有书面承诺。

七、本保证人将按你要求定期提供有关的身份、财务资料等。

八、你可自主转让本担保项下的全部或部分权利，本担保书的受益人包括你、你的继承人和受让人。

九、本保证人的继承人、代理人或受让人将受本担保书所有条款的约束，承担本担保项下的全部担保责任。但非经你书面同意，本保证人不会转让任何担保义务。

十、本担保书是连续性的担保，自开立之日起生效，直至“合同”项下全部“到期应付款项”偿清后自动失效。

十一、在执行本担保书过程中如有争议，应通过友好协商解决。经协商不能解决的，应向本担保项下受益人所在地主管法院提起诉讼。

十二、本担保书正本一式________份，你执_________份，本保证人和“借款人”各执一份。

保证人（公章）：__________

________年_______月______日

附件：

（1）民间借贷流程

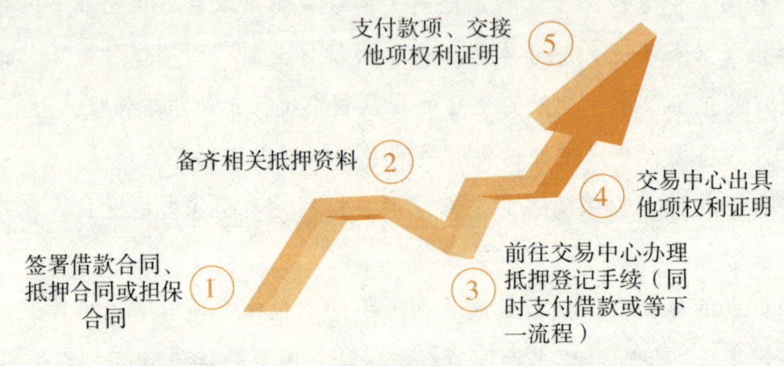

民间借贷流程

（2）抵押所需资料

第一，申请人及其配偶和参贷人及其配偶，必须全部到场。

第二，申请人及其配偶及参贷人的户口簿（外地人还需暂住证和在沪联系人）。

第三，申请人及其配偶及参贷人的身份证(未满十八岁要出生证明或独生子女证)。

第四，申请人及其配偶及参贷人的私章（与买卖合同一致）。

第五，申请人及其配偶及参贷人的婚姻证明(离异的需提供离婚证书或判决书)。

第六，申请人及其配偶及参贷人的公积金账号。

第七，需上家签收的首付款收据（最少3成）。

第八，首付款银行划账的单据（POS机单或银行流水或往来记录）。

第九，申请人及其配偶及参贷人的收入证明（银行专用格式,用水笔填写）。

第十，工资单或工资卡记录(最少三个月)或税单（1.5万元以上必须要税单）或其他的资信材料。

第十一，申请人及其配偶及参贷人的现在所住房产证（无抵押可做资产的一部分）。

第十二，补充收入：大额定期存款（已存三个月以上）或已出租三个月的房屋租约（需提供近三个月税单）。

第十三，银行存折或银行卡(放款用要和贷款银行对应)。

第十四，保险费、评估费和律师见证费（全部要现金）。

（3）收入并婚姻证明

收入证明

____

兹有我单位职员(姓名)_______身份证件号码：_____________________，向贵行申请贷款。特此证明该职员在本单位职务为____________，已连续工作______年，税后收入情况如下：

基本工资：________________________元/月

奖　　金：________________________元/月

分　　红：________________________元/月

总　　计：________________________元/月

上年总收入：______________________元

我单位将承担该证明与实际情况不符所引起的法律责任。

单位（章）：

电　　话：

联 系 人：

日　　期：

附注：1. 本证明落款处需加盖单位有效公章或人事部门章，并必须留有固定联系电话。

2. 联系人需是清楚借款人收入情况的部门或财务部门人员或等同职务的其他人员，且不可是借款人本人或其直系亲属。

该证明已通过______方式进行核实。核实人（章）：______，日期：______

(4)配偶抵押同意书

配偶抵押同意书

本人(姓名)________是位于上海市________区________路________弄________号______幢________室的房地产购买人________的配偶，因本人的配偶购买上述房地产，并向银行申请贷款时将该房地产抵押予贷款银行，现在此不可撤销的书面同意本人的配偶与贷款银行签署的任何形式的借款抵押合同，并接受上述合同中的全部条款。

本人身份证号为：____________________(附复印件)

配偶身份证号为：____________________

特此声明。

同意人签名：________

_____年_____月_____日

第六章

转移租赁物取得收益权——

由于市场机制的不完善，为防止存在合同欺诈行为，供求双方会选择房屋中介机构来促成房屋买卖合同、租赁合同的成立，以实现买房、卖房、租房的意愿。

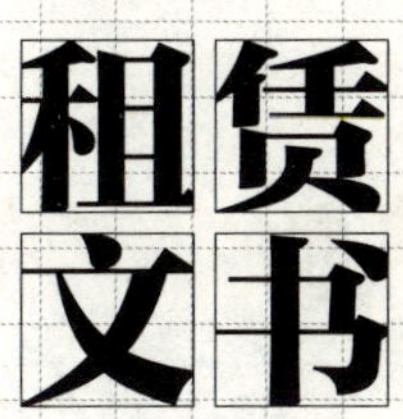

市场・无序・欺诈

中介服务行为混乱无序，侵害当事人权益、欺诈消费者事件等时有发生，所以选择中介机构以及与其订立中介合同尤其重要。

一 房屋租赁常见六大纠纷

房屋租赁常见6大纠纷

1 租金违约纠纷

这是房屋租赁中最为常见的纠纷。在房屋租赁时由于没有书面合同，只有口头协议，或租赁合同对租金、租期的约定不明确，或由于市场行情的变化，出租方与承租方出现纠纷。有的承租人无正当理由不支付或者迟延支付租金的，出租人要求承租人在合理期限内支付，承租人拒不付款，出租人要求终止合同，而承租人不愿意搬出。

2 损害赔偿纠纷

房屋租赁关系中的损害赔偿纠纷同其他法律关系中的损害赔偿一样，主要是由侵权行为引起的。常见的有以下几种：

（1）房屋损坏赔偿纠纷

这多数是承租人在装修或者使用过程中由于自己的过错致使房地产受到损毁，也有是出租房屋本身的质量问题致使出租房屋损毁的，出租人与承租人在房屋损坏责任上产生纠纷。

（2）人身财物损害赔偿纠纷

由于出租房的质量问题，或者由于出租人的防护措施不当，造成承租人人身、财物损害的，对于出租人是否承担责任，责任有多大而产生分歧。

（3）房屋共有人的合法权益损害纠纷

房屋共有人对所属房屋享有共同的权利（包括共同共有和按份共有），部分共有人未经其他共有人同意而将房地产出租，侵犯了其他共有人的合法权益。

（4）装修费用纠纷

房屋租赁关系特别是用于经营的房屋租赁关系建立后，经常会在承租人装修房屋时发生因承租人拖欠租金出租人提前解除合同的情况，这其中就涉及尚未摊销的装修费用的处置纠纷。

3 房屋租赁期间出售的优先权纠纷

《房屋租赁条例》规定：房屋在租赁期间出售的承租人在同等条件下有优先购买权。《合同法》也有此类规定。而在现实生活中，很多出租人往往忽视这一优先权的法律规定，有的是故意剥夺承租人的这种优先权，因而产生纠纷。出租人违反这一法律规定出售房地产的行为依法可确认为无效。

4 转租纠纷

现行法律法规允许房地产转租，然而这方面的纠纷也不少，有的是未经出租人同意擅自转租；有的是层层转租，主体混乱；有的是转租期限远远超过原承租期限，造成连环纠纷；有的甚至收取转租费后逃之夭夭。在实践中，有的出租人对未经同意的转租眼开眼闭，认为只要能收到租金就可以，这种做法到头来只能使自己的利益受到损害。

5 变更房屋用途纠纷

一般情况下是住户未征得业主同意擅自将原出租房改建使用或改变原议定好的用途，对房屋的损害比较大，甚至威胁到户主的人身安全，而承租人又认为自己付了租金有支配权，引发了许多纠纷。

6 单面解除合同纠纷

房屋租赁合同的一方当事人单方面解除合同，一般情况下是出于无奈，但也有一些当事人为了更大的利益宁可损失较小的利益而故意单方面毁约解除合同。

二 引发房屋租赁纠纷的原因

1 依法租赁的观念没有深入人心

目前，依法进行房屋转让、抵押的意识在广大市民中深入人心，但依法进行房屋租赁的观念却十分淡薄。许多人认为有无租赁合同是小事，双方的租赁关系仅仅停留在口头协议的水平上，房屋租赁只是房屋出租人和承租人双方的事，用不着额外交一笔登记费用，双方往往口头协定了事。如果按《城市房屋租赁管理办法》的规定操作起来太麻烦。

2 违法租赁难以处理

目前，在房屋租赁市场上，有相当一部分房主为追求高额租金，既不向房地产管理部门申请办理登记手续，也不与承租人签订《房屋租赁合同》。有的甚至层层转租，将违章建筑和法律规定禁止出租的房屋租给各类来历不明乃至为非作歹的不法人员。对此，房地产管理部门虽能做出相应的行政处罚，但对于拒不执行处罚决定者，却缺乏更加强硬、有效的处理手段，非法出租行为不能及时得到处理。

3 管理体制难以理顺

随着各地城市建设的快速发展，房屋租赁市场日趋活跃，一些非房地产管理部门也纷纷介入了房屋市场租赁管理。主要有工商、公安、计生等部门。针对这种情况，各地房地产管理部门虽依法据理力争，做了大量协调工作，但收效甚微。原本由房地产部门统一管理的房屋租赁市场，被人为分割，多头管理，政出多门。其结果是谁都在管，谁都管不了、管不好。这种局面不仅加重了房屋租赁当事人的经济负担，而且还造成了管理体制和市场秩序的混乱，不利于房屋租赁市场持续、快速、健康发展。

4 行业管理法规不健全

完善地方规章、强化行业管理既是依法治国的要求，也是依法行政、切实加强房屋租赁市场管理的迫切需要。为将房屋租赁市场管理纳入规范化、法制化轨道，1996年6月，国家建设部出台的《城市房屋租赁管理办法》正式实施。随后，北京、上海、浙江、深圳、广州等地的人大、政府和房地产管理部门先后出台了地方规章和实施细则。但仍有一部分城市没有制定相应的地方配套实施细则，致使房地产管理部门在执法管理过程中，缺少切合各地实际的管理规范，常常出现执法“空档”，使管理工作无章可循。

三 常见问题的法学分析①

1 防范房屋租赁纠纷的五大要素

（1）完备房屋租赁的法律要件

业主（出租人）要依法签订租赁合同，合法地出租房屋。这里着重强调的是“合法”。房屋租赁关系合法，才能做到有效。合法、有效，不但能大量减少租赁纠纷的发生，而且也是当事人保护自己最为实际的措施。要使租赁关系合法、有效，首先就要依法签订书面的租赁合同，将租赁当事人的权利义务在合同中明确约定，这也就是通常所说的“先小人后君子”。其次就是合同内容不能违法，如房屋使用功能是住宅或厂房的，就不能未经有关职能部门审批，便在合同中擅自改变功能，作为商业用途出租。这方面的案例表明聘请专业律师参与房屋租赁谈判、合同签订，在避免损失方面能起到事半功倍的效果。再次房屋租赁法律关系是一种比较特别的民事法律关系，它要做到合法、有效，除了双方当事人的意思表示真实一致、合同内容合法外，还要求具备法定的形式要件，如出租人必须持有政府职能部门颁发的《房屋租赁许可证》，及合同签订后必须在10日内到房屋租赁管理部门登记备案等。

（2）租前调查

出租人在签订合同前应对承租人的经济能力进行必要的了解，不要盲目出租房屋给没有经济能力的单位和个人。一些租赁纠纷的发生，往往和出租人出租房屋时的盲目性有

① 佚名. 浅谈房屋租赁纠纷的处理［DB/OL］.［2011］. http://www.lawtime.cn/info/fangdichan/fangwuzulinjiufen/20101129103125.html.

关。现实生活中，一些业主因自己的物业空置而心中发慌，只要承租人出现，不管他是否有能力付房租，就很草率地签订合同，甚至未签合同就将房屋交对方使用。结果到对方交不起房租时，才注意到其本来就没有支付租金的能力。这种纠纷发生后，吃亏的肯定是出租方。即使通过诉讼，法院判决对方付租金，但执行起来也可能因困难重重而不了了之。承租人不要贪图便宜，找那些产权不明、违法建筑及无《租赁许可证》、不允许出租的房屋业主租赁房屋。承租人租房前，最好到房屋租赁管理所咨询自己所想租的房屋是否可以租，或请租赁所推荐可租赁的房屋，如能做到这点，基本上就可避免盲目租赁房屋而造成经济损失事件的发生。

（3）出租人在出租房屋时，可要求承租人设立担保

承租人设立担保，是减少因付不起房租而发生租赁纠纷的最为有效的办法之一。对于那些租赁面积大、租金总额高、租赁时间长的租赁关系，以及对承租人的资信状况不易掌握的当事人，设立担保尤为必要。

（4）全面、客观地估价整体经济状况，提出合理的租金价格

有些拖欠租金的租赁纠纷之所以发生，是因为租金偏离市场行情和整个经济状况，高得使承租人实在难以承受。租价过高，不但容易产生纠纷，而且出租人的利益也很难得到保证，所以公平、客观地确定租金价格对双方当事人都是有益无害的。

（5）房地产管理部门进一步加强对租赁市场的监管力度

第一，进一步规范管理，严格依法发证和登记，做到不因自己发证或登记失误而造成租赁纠纷的发生。第二，加强检查，将整个租赁市场纳入有序的管理网络与视线中，发现非法租赁行为和租赁纠纷的苗头，及时予以纠正和化解。第三，加强宣传，逐渐使当事人认识到合法租赁的好处。第四，加强和有关职能部门的合作与配合，从不同角度履行好各自的职责，减少租赁纠纷的发生。

2 房屋租赁纠纷的处理流程

房屋租赁纠纷是一种较为普遍的民事纠纷，它是指关于房屋和土地的权益争议。一旦发生房屋租赁纠纷后，消费者可以选择3种途径予以解决。

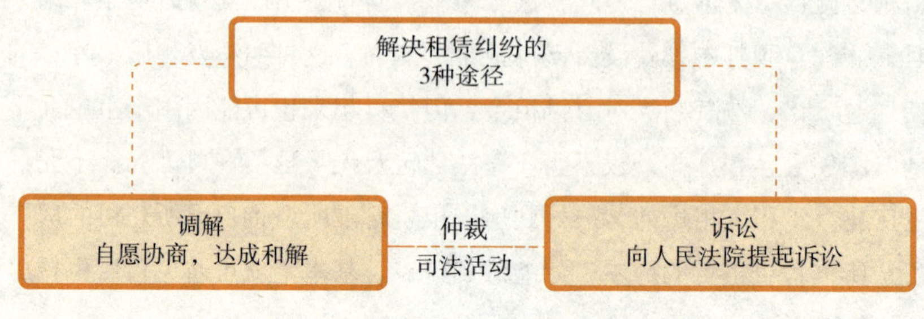

解决租赁纠纷的3种途径

第一步：调解

它是指在第三者的主持下，出租承租双方当事人经过自愿协商，排除争端、达成和解的一种方法和活动。我国在基层群众性组织村民委员会和居民委员会都设立了人民调解委员会，进行民间纠纷的调解处理，调解特别适用对某些界限不清的事实、责任含糊不究的租赁纠纷，租赁双方就近请调委会调解，通过调解，纠纷双方互谅互让，以达到既解决纠纷又不伤和气的目的。

第二步：仲裁

仲裁是一种准司法活动。《仲裁法》第2条内容规定：平等主体的公民、法人和其他组织之间发生的合同纠纷和其他财产权益纠纷，可以仲裁。这里的“合同纠纷和其他财产权益纠纷”，包括公民个人之间的房屋租赁纠纷等。房屋租赁纠纷发生后，公民可以根据条款或仲裁提请仲裁机构居中判明事实，分清责任，依法做出仲裁裁决，解决纠纷。仲裁具有“公正及时，程序简便，专家断案，依裁终局”的优势，可以使当事人避免陷入官司的旷日持久的纠缠和身心疲惫的针锋相对之中，是一种比较受推崇的争端解决机制。

第三步：诉讼

有些租赁纠纷不愿意调解或不服调解，又没有达成仲裁协议的，当事人可以将房屋租赁纠纷依法向人民法院提起诉讼。通过法院的诉讼活动而做出判决的强制力，要远远大于调解和仲裁。

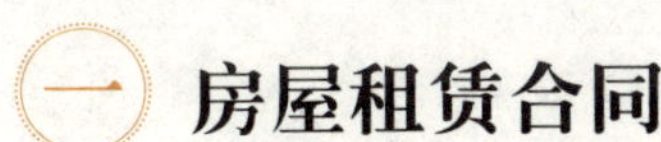

1 房屋租赁合同一[①]

特别告知

一、本合同由上海市房屋土地资源管理局根据《中华人民共和国合同法》和《上海市房屋租赁条例》等有关规定制定，适用于本市行政区域范围内市场化房屋租赁行为。

① 本合同适用于上海地区使用。

本合同条款均为提示性条款，供租赁双方当事人约定采用。本合同中的未尽事宜可由甲、乙双方协商一致后，订立补充条款予以明确。

二、本合同签订前，双方当事人应相互校验有关身份证明，同时，出租人还应向承租人出具该租赁房屋的房地产权证或其他权属证明。

三、双方当事人通过网上操作系统签订本合同后，应及时到房地产交易中心或租赁房屋所在地的街道、镇（乡）社区事务受理中心办理登记备案。租赁合同经登记备案后，当发生重复出租、租赁期间房屋转让或设定抵押后被处分等事实时，可以对抗第三人。

四、凡当事人一方要求登记备案，而另一方不予配合的，要求登记备案的一方可持本合同、有效身份证明等有关文件办理登记备案。

五、房屋租赁保证金是一种履约保证的措施。房屋出租时，出租人可以与承租人在合同中约定收取房屋租赁保证金。租赁保证金的数额由租赁双方当事人约定。租赁关系终止时，房屋租赁保证金除用以抵充合同约定由承租人承担的费用外，剩余部分应当归还承租人。

六、本合同的租赁关系由经纪机构代理或居间的，经纪机构和经纪人应当在本合同上签字、盖章。

上海市房屋租赁合同

(合同编号：　　　)

本合同双方当事人：

出租方(甲方)：________________

承租方(乙方)：________________

根据《中华人民共和国合同法》《上海市房屋租赁条例》的规定，甲、乙双方在平等、自愿、公平和诚实信用的基础上，经协商一致，就乙方承租甲方可依法出租的房地产事宜，订立本合同。

一、出租房屋情况

1. 房屋基本情况

产证编号：____________________

权 利 人：____________________

房屋坐落：________________________

建筑面积：__________________平方米

2. 甲方作为该房屋的房地产产权人/代管人/法律规定的其他权利人与乙方建立租赁关系。签订本合同前，甲方已告诉乙方该房屋已/未设定抵押。

3. 该房屋的公用或合用部位的使用范围、条件和要求，现有装修、附属设施、设备状况和甲方同意乙方自行装修和增设附属设施的内容、标准及需约定的有关事宜，由甲、乙双方分别在本合同附件二、附件三中加以列明。甲、乙双方同意该附件作为甲方向乙方交付该房屋和本合同终止时乙方向甲方返还该房屋的验收依据。

二、租赁用途

1. 乙方向甲方承诺，租赁该房屋作为________使用，并遵守国家和本市有关房屋使用和物业管理的规定。

2. 乙方保证，在租赁期内未征得甲方书面同意以及按规定须经有关部门审批而未核准前，不擅自改变上述约定的使用用途。

三、交付日期和租赁期限

1. 甲乙双方约定，甲方于____年______月______日前向乙方交付该房屋。房屋租赁期自____年______月______日起至__________年______月______日止。

2. 租赁期满，甲方有权收回该房屋，乙方应如期返还。乙方需要继续承租该房屋的，则应于租赁期届满前____________个月，向甲方提出续租书面要求，经甲方同意后重新签订租赁合同。

四、租金、支付方式和限期

1. 甲、乙双方约定，该房屋每日每平方米建筑面积租金为(人民币)______元，月租金总计为(人民币)__________元(大写：______________________________元整。

该房屋租金________(年/月)内不变。自第__________(年/月)起，双方可协商对租金进行调整。有关调整事宜由甲、乙双方在补充条款中约定。

2. 乙方应于每月____________日前___________向甲方支付租金。逾期支付的，逾期一日，则乙方需按日租金的______%支付违约金。

3. 乙方支付租金的方式如下：

____

____。

五、保证金和其他费用

1. 甲、乙双方约定，甲方交付该房屋时，乙方应向甲方支付房屋租赁保证金，保证金为______个月的租金，即(人民币)_________元（大写：_____________元整。）甲方收取保证金后应向乙方开具收款凭证。

租赁关系终止时，甲方收取的房屋租赁保证金除用以抵充合同约定由乙方承担的费用外，剩余部分无息归还乙方。

2. 租赁期间，使用该房屋所发生的水、电、煤气、通信、有线电视、物业管理、______等费用由甲方/乙方承担。其他有关费用，均由甲方/乙方承担。

3. 甲方/乙方承担的上述费用，计算或分摊办法、支付方式和时间为：________________________________。

六、房屋使用要求和维修责任

1. 租赁期间，乙方应合理使用并爱护该房屋及其附属设施，发现该房屋及其附属设施有损坏或故障时，应及时通知甲方修复；甲方应在接到乙方通知后的_______日内进行维修。逾期不维修的，乙方可代为维修，费用由甲方承担。

2. 租赁期间，因乙方使用不当或不合理使用，致使该房屋及其附属设施损坏或发生故障的，乙方应负责维修。乙方拒不维修，甲方可代为维修，费用由乙方承担。

3. 租赁期间，甲方保证该房屋及其附属设施处于正常的可使用和安全的状态。甲方对该房屋进行检查、养护，应提前__________日通知乙方。检查养护时，乙方应予以配合。甲方应减少对乙方使用该房屋的影响。

4. 除本合同附件三外，乙方另需装修或者增设附属设施和设备的，应事先征得甲方的书面同意，按规定向有关部门审批的，则还应由甲方/甲方委托乙方报有关部门批准后，方可进行。乙方增设的附属设施和设备及其维修责任由甲、乙双方另行书面约定。

七、房屋返还时的状态

1. 除甲方同意乙方续租外，乙方应在本合同的租期届满之日/届满后_____________日内返还该房地产，未经甲方同意逾期返还房屋的，每逾期一日，乙方应按(人民币)_____元/平方米（建筑面积）向甲方支付该房屋占用期间使用费。

2. 乙方返还该房屋应当符合正常使用后的状态。返还时，应经甲方验收认可，并相互结清各自应当承担的费用。

八、转租、转让和交换

1. 除甲方已在本合同补充条款中同意乙方转租外，乙方在租赁期内，需事先征得甲方的书面同意，方可将该房屋部分或全部转租给他人。但同一间居住房屋，不得分割转租。

2. 乙方转租该房屋，应按规定与受租方订立书面的转租合同。

3. 在租赁期内，乙方将该房屋转让给他人承租或与他人承租的房屋进行交换，必须事先征得甲方书面同意。转让或交换后，该房屋承租权的受让人或交换人应与甲方签订租赁主体变更合同并继续履行本合同。

4. 在租赁期内，甲方如需出售该房屋，应提前三个月通知乙方。乙方在同等条件下有优先购买权。

九、解除本合同的条件

1. 甲、乙双方同意在租赁期内，有下列情形之一的，本合同终止，双方互不承担责任：

（1）该房屋占用范围内的土地使用权依法提前收回的。

（2）该房屋因社会公共利益被依法征用的。

（3）该房屋因城市建设需要被依法列入房屋拆迁许可范围的。

（4）该房屋毁损、灭失或者被鉴定为危险房屋的。

（5）甲方已告知乙方该房屋出租前已设定抵押并可能于租赁期内被处分，现被处分的。

（6）____。

2. 甲、乙双方同意，有下列情形之一的，一方可书面通知另一方解除本合同。违反合同的一方，应向另一方按月租金的________倍支付违约金；给另一方造成损失的，支付的违约金不足抵付损失的，还应赔偿造成的损失与违约金的差额部分：

（1）甲方未按时交付该房屋，经乙方催告后__________日内仍未交付的。

（2）甲方交付的该房屋不符合本合同的约定，致使不能实现租赁目的的；或甲方交付的房屋存在缺陷、危及乙方安全的。

（3）乙方未征得甲方同意改变房屋用途，致使房屋损坏的。

（4）因乙方原因造成房屋主体结构损坏的。

（5）乙方擅自转租该房屋、转让该房屋承租权或与他人交换各自承租的房屋的。

（6）乙方逾期不支付租金累计超过__________个月的。

（7）____。

十、违约责任

1. 该房屋交付时存在缺陷的，影响乙方正常使用的，甲方应自交付之日起的________日内进行修复，逾期不修复的，甲方同意减少租金并变更有关租金条款。

2. 因甲方未在该合同中告知乙方，该房屋出租前已抵押或产权转移已受到限制，造成乙方损失的，甲方应负责赔偿。

3. 租赁期间，甲方不及时履行本合同约定的维修、养护责任，致使房屋损坏，造成乙方财产损失或人身伤害的，甲方应承担赔偿责任。

4. 租赁期间，非本合同规定的情况甲方擅自解除本合同，提前收回该房屋的，甲方应按提前收回天数的租金的________倍向乙方支付违约金。若支付的违约金不足抵付乙方损失的，甲方还应负责赔偿。

5. 乙方未征得甲方书面同意或者超出甲方书面同意的范围和要求装修房屋或者增设附属设施的，甲方可以要求乙方恢复房屋原状/赔偿损失。

6. 租赁期间，非本合同规定的情况，乙方中途擅自退租的，乙方应按提前退租天数的租金的________倍向甲方支付违约金。若违约金不足抵付甲方损失的，乙方还应负责赔偿。甲方可从租赁保证金中抵扣。保证金不足抵扣的，不足部分则由乙方另行支付。

十一、争议解决方式

甲、乙双方在履行本合同过程中发生争议，应通过协商解决；协商解决不成的，双方同意选择下列第________种方式解决：

1. 提交_____仲裁委员会仲裁。

2. 依法向人民法院起诉。

十二、其他条款

1. 租赁期间，甲方需抵押该房屋，应当书面告知乙方，并向乙方承诺该房屋抵押后当事人协议以折价、变卖方式处分该房屋前________日书面征询乙方购买该房屋的意见。

2. 本合同自双方签字之日/签字后第__________日生效。双方约定，自合同生效之日起____日内，按规定共同向房屋所在地街道、镇（乡）社区事务受理中心办理登记备案，领取房屋租赁合同登记备案证明。因甲方逾期未会同乙方办理登记备案影响乙方办理居住登记的，乙方可按规定单独办理租赁信息记载。

3. 本合同经登记备案后，凡变更、终止本合同的，双方应按规定及时向原受理机构办理变更、终止登记备案手续。因甲方未会同乙方办理登记备案或变更、终止登记备案的，所引起的法律纠纷，由甲方承担一切责任。

4. 本合同未尽事宜，经甲、乙双方协商一致，可订立补充条款。本合同补充条款及附件均为本合同不可分割的一部分，本合同及其补充条款和附件内空格部分填写的文字与铅印文字具有同等效力。

5. 甲、乙双方在签署本合同时，对各自的权利、义务、责任清楚明白，并愿按合同规定严格执行。如一方违反本合同，另一方有权按本合同规定索赔。

6. 本合同连同附件一式______份。其中：甲、乙双方各持一份，________区 / 县房地产交易中心或农场局受理处一份（办理登记备案或信息记载后，由社区事务受理中心转交），以及____________各一份，均具有同等效力。

补充条款

（粘贴处）　　　　　　　　　　（骑缝章加盖处）

附件一

该房屋的平面图

（粘贴处）　　　　　　　　　　（骑缝章加盖处）

（略）

附件二

该房屋合用部位的使用范围、条件和要求

（粘贴处）　　　　　　　　　　（骑缝章加盖处）

（略）

附件三

现有装修、附属设施及设备状况和甲方同意乙方自行装修和增设附属设施及设备的约定

（粘贴处）　　　　　　　　　　（骑缝章加盖处）

（略）

附件四

居间介绍、代理等中介服务情况

居间介绍/代理的房地产经纪公司：

（章）

代理委托方： 方

联系地址：

联系电话：

房地产执业经纪人姓名：

房地产经纪人执业证书号：

联系电话：

居间介绍、代理内容：

居间介绍/代理的房地产经纪公司：

（章）

代理委托方： 方

联系地址：

联系电话：

房地产执业经纪人姓名：

房地产经纪人执业证书号：

联系电话：

居间介绍、代理内容：

甲方(一)：________________________________

身份证号：________________________________

居住/注册地址：__________________________

____

邮政编码：_______________________________

代理人：_________________________________

联系电话：______手机：____________________

本人/法定代表人

（签章）__________________________________

甲方(二)：________________

身份证号：________________

居住/注册地址：________________

____

邮政编码：________________

代理人：________________

联系电话：______手机：________

本人/法定代表人

（签章）________________

_____年_____月_____日签于：________

乙方（一）：________________

身份证号：________________

居住/注册地址：________________

____

邮政编码：________________

代理人：________________

联系电话：_____手机：________

本人/法定代表人

（签章）________________

乙方（二）：________________

身份证号：________________

居住/注册地址：________________

____

邮政编码：________________

代理人：________________

联系电话：____手机：________

本人/法定代表人

（签章）________________

________年________月________日签于：

2 房屋租赁合同二①

甲方（出租方）：

乙方（承租方）：

甲乙双方协商一致就乙方承租甲方房屋事宜达成一致并立约如下：

第一条 房地产情况

房屋地址	
房地产权证号	
代理人性质	○法定代表人○产权人○授权委托人○债权人○其他权利人
房屋状况	所有权____建筑面积____类型____结构____楼层____竣工日期____
使用类别	○住宅○商铺○办公房○工业厂房○其他
抵押状况	○有 权利人______________ ○无
查封状况	○有 查封人______________ ○无
租赁情况	○有 租赁到期日__________ ○无
可入住日期	____年____月____日可入住
其他情况	

第二条 租赁期限

租赁期共_____个月，甲方从_____年_____月_____日起将出租房屋交付乙方使用，至____年___月___日收回，其中自___年___月___日至___年___月___日为免租期。

第三条 租金支付情况

1. 甲方愿以月租金人民币/美元______________的价格出租该房屋（○包发票○不包发票○包物业管理费○不包物业管理费），成交后甲方另行负担服务报酬和税费。

2. 保证金为人民币/美元______元整或_____月租金，该保证金于乙方返还该房屋，且结清租金、水电煤等费用后由甲方于三个工作日内无息返还乙方。

3. 甲方要求租金每_____月支付一次即人民币/美元______元整。

4. 每次租金于____月____日前支付，租金以_____方式支付。

户名：____。

---

① 本合同适用于由中介公司负责房屋租赁事宜情况的版本。

账号：____。

第四条 甲方的义务

1. 甲方保证对该委托之房屋有出租之权利并能依约交屋，如有任何权属纠纷或权限不实，由甲方自行解决，如因此损害了承租方，则甲方应赔偿承租方相应的损失。本条款独立于本合同，即使本合同无效，本条款仍适用与甲乙双方。

2. 甲方应按本合同约定的时间将该房屋及本合同附件中的设备完好无损地交付乙方使用，如逾期交付，每逾期一日，甲方应按月租金的千分之五向乙方支付违约金，逾期超过15天，乙方有权终止本合同。

3. 甲方负责修缮房屋并对出租房屋及其设备定期检查，及时修缮，以保障乙方安全正常使用，如因甲方延误维修而使乙方或第三人遭受损失，甲方负责赔偿。

4. 如甲方按法定程序将房产所有权转移给第三方时，在无约定的情况下，本合同对新的房产所有者继续有效。

5. 甲方出售房屋须在三个月前书面通知乙方，在同等条件下，乙方有优先购买权。

6. 甲方于签订本合同后，未经乙方同意擅自提前解除本合同致使本合同无法履行，甲方须双倍退还保证金，给乙方造成损失的，甲方还应负责赔偿。

第五条 乙方的义务

1. 乙方应依房屋交付时现状使用该房屋，如因使用需要，在事先得到甲方书面同意和房屋物业管理机构同意后，在不影响房屋结构的前提下，乙方可对承租房屋进行装饰，但其规模、范围、工艺、用料等均应事先得到甲方同意后方可施工。租赁期满后，根据双方约定，要求恢复原状的，乙方必须恢复原状。

2. 乙方在租赁期内未经甲方书面同意不得擅自将房屋转租、分租、转让、转借、联营、入股或与他人调剂交换。

3. 乙方应按规定用途使用该房屋，遵守相关的房屋使用规则，不得利用承租房屋进行非法活动，损害公共利益。

4. 甲方修缮房屋时须提前三天书面通知乙方，乙方应积极协助，不得阻挠施工。

5. 除不可抗力外，乙方因使用不当或其他乙方原因导致房屋或附件中的设备损害的，应负责恢复原状或赔偿损失。

6. 租赁期间该房屋内发生的相关水电煤气、有线电视、电话费等费用由乙方负责，如乙方逾期交付上述费用,产生的逾期费用由乙方自行承担，逾期超过一个月的，视为乙方严重违约，甲方有权提前终止本合同。

7. 乙方应按时缴纳租金，如届时不缴纳租金，每逾期一日，由甲方按月租金的千分之五收取违约金，逾期超过15日，视为乙方严重违约，甲方有权提前终止本合同。

8. 乙方于签订本合同后，未经甲方同意擅自提前解约或其他因乙方的原因导致本合同无法履行的，乙方无权要求返还保证金，如给甲方造成损失的，乙方还应负责赔偿。

9. 合同期满后，如乙方要求续租的，须在租赁期满前两个月向甲方提出书面意向，经甲方同意后双方重新签订租赁合同。

10. 租赁期满或因乙方原因致使本合同提前终止，则乙方须及时将房屋及附件中设备如数归还，非经甲方同意，乙方遗留在房屋中的物品视为放弃，甲方有权处置。

第六条 租赁物的用途或性质

______________________________。（不同租赁物根据具体情况填写）

第七条 违约责任

甲乙双方任何一方违反本合同的相关约定除有明确规定外须支付对方月租金一倍作为违约金。

第八条 免责条件

1. 房屋如因不可抗拒的原因导致损毁或造成乙方损失的，甲乙双方互不承担责任。

2. 因市政建设需要拆除或改造已租赁的房屋，使甲乙双方造成损失，互不承担责任；因上述原因而终止合同的，租金按实际使用时间计算，多退少补。

第九条 争议解决的方式

本合同履行中发生争议，双方应友好协商；协商不成可向上海仲裁委员会申请仲裁。

第十条 其他约定事宜

____

____

____

第十一条 本合同一式四份，甲乙方各执一份，中介方执两份

家具设备清单详见附件。

甲方：（签章） 乙方：（签章）

法定代表人：（签章） 法定代表人：（签章）

委托代理人：（签章） 委托代理人：（签章）

地址：　　　　　　　　　　　　　　　　地址：
电话：　　　　　　　　　　　　　　　　电话：
签约地点：　　　　　　　　　　　　　　签约地点：
签约时间：　　　　　　　　　　　　　　签约时间：
中介方签章：
时间：

附件：家具设备清单

设施	项目	现状		品牌	数量	备注
		有	无			
门窗	大门					
	纱门					
	窗					
	窗帘					
墙面						
地坪	地毯					
	地砖					
	地板					
浴厕	浴缸					
	淋浴器					
	抽水马桶					
厨具	炉台					
	煤气灶					
	抽油烟机					
	微波炉					
电器	电视机					
	空调					
	电风扇					
	电话					
	冰箱					
	洗衣机					
设备	床					
	沙发					
	橱柜					
	餐桌椅					
其他设施						

双方对上述设备确认无误，特签字确认。

甲方签字：　　　　　　　　　　　　　乙方签字：

时间：　　　　　　　　　　　　　　　时间：

3 房屋租赁合同三[①]

租赁合同

LEASE CONTACT

出租方（甲方）Lessor(hereinafter referred to as Party A):

承租方（乙方）Lessee(hereinafter referred to as Party B):

根据国家有关法律法规规定，甲、乙双方在平等自愿的基础上，经友好协商一致，就甲方将其合法拥有的房屋出租给乙方使用，乙方承租使用甲方房屋事宜，订立本合同。

In accordance with relevant Chinese laws，decrees and regulations, Party A and Party B have reached an agreement through friendly consultation to conclude the following contact.

一、物业地址：Location of the premises

甲方将其所有的位于上海市____________________的房屋及附属设施在良好的状态下出租给乙方居住使用。

Party A will lease to Party B the premises and attached facilities all owned by Party A itself, which is located at____________________ and in good condition for living.

建筑面积亦称建筑展开面积，它是指住宅建筑外墙外围线测定的各层平面面积之和。

二、房屋面积：Size of the premises

出租房屋的登记面积为__________平方米（建筑面积）。

① 本合同为中英文双语版本。

The register size of the leased premises is_____square meters (Gross size).

三、租赁期限：Lease term

租赁期限自_____年_____月_____日起至_____年_____月_____日止，为期_____年，甲方应于_____年_____月_____日将房屋腾空并交付乙方使用。

The lease term will be from_____(month)_____(day)_____(year) to_____(month)_____(day)_____(year). Party A will clear the premises and provide it to Party B for use before _____(month)_____(day)_____(year).

四、租金Rental

1. 数额：双方商定租金为每月_______元整，管理费由甲方支付，乙方以现金形式支付给甲方。

Amount: the rental will be_____per mouth, Party A pay the management fee, Party B will pay the rental to party A in the from of in cash.

2. 租金按_____月为一期支付；第一期租金于_____年_____月_____日以前付清，以后每期租金于每月的7日以前缴纳，先付后住（若乙方以汇款形式支付租金，则以汇出日为支付日，汇费由汇出方承担）。甲方收到租金后予以正式税费发票。

Payment of rental will be one installment every one month. The first installment will be paid before_____(month)_____(day)_____(year).Each successive installment will be paid before _____ each month. Party B will pay the rental before using the premises and attached facilities (In case Party B pays the rental in the form of remittance, the date of remitting will be the day of payment and the remittance fee will be borne by the remitter) .Party A will issue a invoice after receiving the payment.

3. 如乙方逾期支付租金超过十天，则每天以月租金的0.5%支付滞纳金；如乙方逾期支付超过十五天，则视为乙方自动退租，构成违约，甲方有权收回房屋，并追究乙方违约责任。

In case the rental is more than ten working days overdue, Party B will pay 0.5percent of monthly rental as overdue fine every day, if the rental be paid 15 days overdue, party B will be deemed to have with drawn from the premises and breach the contract. In this situation, Party A has the right to take back the premises and take actions party B’s breach.

五、定金及保证金 Earnest Money and deposit

1. 合同签订日，乙方应支付定金_____元整，甲方予以签收。

Party B will pay the earnest money_____to Party A while signing the Lease Contract. Party A will issue a receipt after receiving the earnest money.

2. 在合同签订日之后至租期开始前，如甲方违约，则上述定金由甲方双倍返还乙方；如乙方违约，则定金由甲方没收。

From the day of signing the lease contract to the beginning of the lease term, incase Party A gives up leasing the apartment to Party A will return the earnest money to Party B.

3. 租期开始后，上述定金全额自动转为保证金的一部分。

After the lease term begins, the earnest money will be one part of the whole deposit automatically.

4. 为确保房屋及附属设施之安全与完好，及租赁期内相关费用之如期结算，乙方同意于_____年_____月_____日前支付给甲方保证金______元整，甲方在收到保证金后予以书面签收。

Guarantying the safety and good conditions of the premises and attached facilities and account of relevant fees are settled on schedule during the lease term, Party B will pay_____ to Party A as a deposit before______(month)______(day)______(year). Party A will issue written receipt after receiving the deposit.

5. 除合同另有约定外，甲方应于租赁关系消除且乙方腾空、点清并付清所有应付费用后的当天将保证金全额无息退还乙方。

Unless otherwise provided for by this contract, Party A will return full amount of the deposit without interest on the day when this contract expires and Party B clears the premises and has paid all due rental and other expenses.

6. 因乙方违反本合同的规定而产生的违约金、损坏赔偿金和其他相关费用，甲方可在保证金中抵扣，不足部分乙方必须在接到甲方付款通知后十日内补足。

In case Party B breaches this contract, Party A has right to deduct the default fine, compensation for damage or any other expenses from the deposit. In case the deposit is not sufficient to cover such items, Party B should pay the insufficiency within ten days after receiving the written notice of payment from Party A.

六、甲方义务：Obligations of Party A

1. 甲方需按时将房屋及附属设施（详见附件）交付乙方使用；乙方入住前，甲方应保证所有设施能够正常使用，设施清单由双方在房屋交付日签字确认。

Party A will provide the premises and attached facilities（see the appendix of furniture list for detail）.Party A will ensure all the facilities provided are in good condition when Party B move into the apartment, Party A and Party B will confirm and sign the facilities list at the day of Party A clearing premises and proving it to Party B for use.

2. 甲方应确保房屋的结构及管道、电线等设施在租赁期内保持完好，一旦因质量问题、自然损坏发生问题能够及时修复。

Party A will ensure that the structure, of the premises and the facilities（such as piping and wires etc.）， are kept in good condition during lease term. Once something wrong with them for the quality, natural damage or any other causes, Party A will renovate them in time.

3. 房屋设施如因不可抗力或乙方对房屋的正常使用引起的损耗，甲方有立即修缮的责任，并承担有关费用，如果此损失造成房屋无法居住，则无法居住期内的那部分租金应停止支付，直至房屋修复。

The inevitable force or natural disaster damages the premises and facilities. Party A has the obligations to repair them at once and pay he fee correlated with this. If the damage makes the premises not be used for living, Party B will not pay the rental until the premises or facilities has been repaired forces by Party A.

4. 甲方应确保乙方在租赁期内享有其对房屋应有的权利，并保证乙方不受甲方或其代理人的干扰。

During the lease term, Party A will ensure Party B enjoy all the rights of the premises and is not disturbed by Party A of his representatives.

5. 甲方应确保出租的房屋享有出租的权利。如发生房屋产权的转移，甲方应及时通知乙方，并保证所有人在本合同租赁期内遵守原合同的所有条款，以确保乙方的权益不受损害，反之甲方应负赔偿责任。

Party A will ensure leasing the premises is lawful. If the transferability of property right has happened, Party A will notice Party B in time and ensure the new owner also abide by all the articles of the former case. Contract during the lease term. Party A will keep Party B’s rights and interests away from being damaged, or Party A will compensate Party B for the damage happened.

七、乙方义务：Obligations of Party B

1. 乙方应按合同的规定按时支付定金、租金及保证金。

Party B will pay the rental, the deposit and other expenses on time.

2. 乙方经甲方同意，可在房屋内添置设备。租赁期满后，乙方将添置的设备搬走，并保证不影响房屋的完好能正常使用。

Party B may decorate the premises and add new facilities with Party A's approval. When this contract expires, Party B may take away the added facilities which are removable without changing the good conditions of the premises for normal use.

3. 未经甲方同意，乙方不得将承租的房屋转租或分租，并爱护使用该房屋。如因乙方过失或过错致使房屋及设施受损，乙方应承担赔偿责任。

Party B will not transfer the lease of the premises or sublet, it without party A's approval and should take good care of the premises. Otherwise, Party B will be responsible to compensate any damages of the premises and attached facilities caused by its fault and negligence.

4. 乙方应当按照合同要求合理使用该房屋，不得改变房屋的原有结构或制造潜在危险，否则，如该房屋及附属设施因此受损，乙方应承担全部责任。

Party B will use the premise lawfully according to this contract without changing the nature of the premises and storing hazardous materials in it. Otherwise, Party B will be responsible for the damages caused by it.

5. 乙方应承担租赁期内的水、电、煤气、电讯、收视费等一切因实际使用而产生的费用，并按单如期缴纳。

Party B will bear the cost of utilities such as communications, water, electricity, gas etc. on time during the lease term.

八、合同终止及解除的规定：Termination and dissolution of the contract

1. 乙方在租赁期满后如需退租或续租，应提前两个月通知甲方，由双方另行协商退租或续租事宜。在同等条件下乙方享有优先续租权。

Within two months before the contract expires, Party B will notify Party A if it intends to extend the leasehold. In this situation, two parties will discuss matters over the extension.

2. 租赁期满后，乙方应在合同规定的终止日将房屋交还甲方，并经甲方核实后收回房屋；乙方任何滞留物，甲方一经发现，应立即通知乙方，乙方应在接到通知之日起15日内向甲方领取，否则视为放弃。

When the lease term expires, Party B will return the premises and attached facilities to Party A upon the latest time, confirmed in the contract. Any belongings left in the apartment without Party A's previous understanding will be deemed to be abandoned by Party B. In the situation, Party A has a right to dispose of them and Party B will be raise to objection.

3. 对房屋的正常及乙方无法估计的原因（如台风，市政建设）引起的损耗，乙方不应该负责。

Party B will be not responsible for the damage occurred for the normal or inevitable cause, such as typhoon, municipal constructions etc.

4. 任何乙方由于不可抗力（包括地震、战争、自然灾害、市政动迁或中国法律的变动等）不能如愿行使责任，则该合同将自然终止，届时合同双方将不承担任何进一步的责任。

If any party can not perform respective responsibilities for the inevitable cause (such as earthquake, war, natural disaster, municipal movement or the changes of Chinese law etc.), the lease contract will be terminate naturally. At that time, both of parties will not be bear any further responsibilities.

九、违约及处理：Default and treatment

1. 甲、乙双方任何一方在未征得对方谅解的情况下，不履行本合同规定条款，导致本合同中途终止，则视为该方违约，双方同意违约金为美元_____元整，若违约金不足弥补无过错方之损失，则违约方还需就不足部分支付赔偿金。

During the lease term, any party who fails to fulfill any article of this contract without the other party's understanding will be deemed to be breach the contract. Both parties agree that the default fine will be USD____. In case the default fine is not sufficient to cover the loss suffered by the faultless party, the party in breach should pay additional compensation to the other party.

2. 若双方在执行本合同或与合同有关的事情时发生争议，应首先友好协商；协商不成，可向有管辖权的人民法院提起诉讼。本合同一经双方签字后立即生效；未经双方同意，不得任意终止，如有未尽事宜，甲、乙双方可另行协商。

Both parties will solve the disputes arising from execution of the contract or in connection with the contract through friendly consultation. In case the agreement cannot be reached, any party may summit the dispute to the court that has the jurisdiction over the matter.

十、其他：Miscellaneous

1. 本合同附件是本合同的有效组成部分，与本合同具有同等法律效力。

Any annex is the integral part of this contract. The annex and this contract are equally valid.

2. 本合同一式两份，甲、乙双方各执一份。

There are 2 originals of this contract. Each party will hold 1 original（s）.

3. 甲、乙双方如有特殊约定，可在本款另行约定。

Other special terms will be listed bellows:

甲方指定账号：____

____

其他见合同附件。

甲方：	乙方：
Party A：	Party B：
证件号码：	证件号码：
ID No：	ID No：
联络地址：	联络地址：
Address：	Address：
电话：	电话：
Tel：	Tel：
代理人：	代理人：
Representative：	Representative：
日期：	日期：
Date：	Date：

租赁合同之附件（家具清单）

Contract of Tenancy Appendix（Furniture List）

租赁标的物：　　　　　　　　　　现场电话：

名称	Item	品牌	数量	名称	Item	品牌	数量
		brand	count			brand	count
彩电	Color TV			衣柜	Closet		
影碟机	DVD			书桌	Desk		
音响	Acoustics			书橱	Bookcase		
空调	Air-condition			双人床	Double Bed		
冰箱	Refrigerator			单人床	Mattress Bed		
洗衣机	Washer			床垫	Mattress		
烘干机	Dryer			床头柜	Bedside Table		
微波炉	Microwave			窗帘	Curtain		
电话机	Telephone set			地毯	Carpet		
炉灶	Gas Cooker			吊灯	Chandelier		
炊具	Cooker			台灯	Desk Lamp		
烤箱	Oven			沙发床	Sofa Bed		
热水器	Water Heater			饮水机	Drinker		
排油机	Exhaust						
电饭煲	Rice Cooker						
沙发	Sofa						
茶几	Tea Table						
角几	End Table						
酒柜	Bar Cabinet						
电视柜	TV Cabinet						
餐桌	Dining Table						
餐椅	Dining Chair						
化装台	Vanity						

双方已清点上述家具，证实无误。

We’ve examined &made count on the above items.

起租日 Beginning day	退租日 End day
水表数 Water meter	水表数 Water meter
电表数 Electricity meter	电表数 Electricity meter
煤气表数 Gas meter	煤气表数 Gas meter
甲方（party A)	甲方（party A)
乙方（Party B)	乙方（Party B)

 房屋转租合同

房屋租赁合同[①]

甲方（出租方）：

乙方（承租方）：

甲乙双方协商一致就乙方承租房屋事宜达成一致并立约如下：

第一条 房地产情况

房屋地址	
房地产权证号	
代理人性质	○法定代表人○产权人○授权委托人○债权人○其他权利人
房屋状况	所有权____建筑面积____类型____结构____楼层____竣工日期____
使用类别	○住宅
抵押状况	○有 权利人____________ ○无
查封状况	○有 查封人____________ ○无
租赁情况	○有 租赁到期日__________ ○无
可入住日期	____年___月___日可入住
其他情况	

① 本合同适用于房屋转租时使用。

第二条　租赁期限

租赁期共____个月，甲方从____年____月____日起将出租房屋交付乙方使用，至____年____月____日收回，其中自____年____月____日至____年____月____日为免租期。

第三条 租金支付情况

1. 甲方愿以月租金人民币/美元____的价格出租该房屋（○包发票○不包发票○包物业管理费○不包物业管理费），成交后甲方另行负担服务报酬和税费。

2. 保证金为人民币/美元_____元整或_____月租金，该保证金于乙方返还该房屋，且结清租金、水电煤等费用后由甲方于三个工作日内无息返还乙方。

3. 甲方要求租金每____月支付一次即人民币/美元____元整。

4. 每次租金于____月____日前支付，租金以____方式支付。

户名：____

账号：____

第四条 甲方的义务

1. 甲方应按本合同约定的时间将该房屋及本合同附件中的设备完好无损地交付乙方使用，如逾期交付，每逾期一日，甲方应按月租金的千分之五向乙方支付违约金，逾期超过15天，乙方有权终止本合同。

2. 甲方负责修缮房屋并对出租房屋及其设备定期检查，及时修缮，以保障乙方安全正常使用，如因甲方延误维修而使乙方或第三人遭受损失，甲方负责赔偿。

3. 甲方于签订本合同后，未经乙方同意擅自提前解除本合同致使本合同无法履行，甲方须双倍退还保证金，给乙方造成损失的，甲方还应负责赔偿。

第五条 乙方的义务

1. 乙方应依房屋交付时现状使用该房屋，如因使用需要，在事先得到甲方书面同意和房屋物业管理机构同意后，在不影响房屋结构的前提下，乙方可对承租房屋进行装饰，但其规模、范围、工艺、用料等均应事先得到甲方同意后方可施工。租赁期满后，根据双方约定，要求恢复原状的，乙方必须恢复原状。

2. 乙方在租赁期内未经甲方书面同意不得擅自将房屋转租、分租、转让、转借、联营、入股或与他人调剂交换。

3. 乙方应按规定用途使用该房屋，遵守相关的房屋使用规则，不得利用承租房屋进行非法活动，损害公共利益。

4. 甲方修缮房屋时须提前三天书面通知乙方，乙方应积极协助，不得阻挠施工。

5. 除不可抗力外，乙方因使用不当或其他乙方原因导致房屋或附件中的设备损害的，应负责恢复原状或赔偿损失。

6. 租赁期间该房屋内发生的相关水电煤、有线电视、电话费等费用由乙方负责，如乙方逾期交付上述费用,产生的逾期费用由乙方自行承担，逾期超过一个月的，视为乙方严重违约，甲方有权提前终止本合同。

7. 乙方应按时缴纳租金，如届时不缴纳租金，每逾期一日，由甲方按月租金的千分之五收取违约金，逾期超过15日，视为乙方严重违约，甲方有权提前终止本合同。

8. 乙方于签订本合同后，未经甲方同意擅自提前解约或其他因乙方的原因导致本合同无法履行的，乙方无权要求返还保证金，如给甲方造成损失的，乙方还应负责赔偿。

9. 合同期满后，如乙方要求续租的，须在租赁期满前两个月向甲方提出书面意向，经甲方同意后双方重新签订租赁合同。

10. 租赁期满或因乙方原因致使本合同提前终止，则乙方须及时将房屋及附件中设备如数归还，非经甲方同意，乙方遗留在房屋中的物品视为放弃，甲方有权处置。

第六条 租赁物的用途或性质：________________________________

第七条 违约责任

甲乙双方任何一方违反本合同的相关约定除有明确规定外须支付对方月租金一倍作为违约金。

第八条 免责条件

1. 房屋如因不可抗拒的原因导致损毁或造成乙方损失的，甲乙双方互不承担责任。

2. 因市政建设需要拆除或改造已租赁的房屋，使甲乙双方造成损失，互不承担责任；因上述原因而终止合同的，租金按实际使用时间计算，多退少补。

第九条 争议解决的方式

本合同履行中发生争议，双方应友好协商；协商不成可向上海仲裁委员会申请仲裁。

第十条 其他约定事宜

____

____

____

第十一条 本合同一式三份，甲乙方各执一份。

家具设备清单详见附件。

甲方：（签章） 乙方：（签章）
法定代表人：（签章） 法定代表人：（签章）
委托代理人：（签章） 委托代理人：（签章）

地址： 地址：
电话： 电话：
签约地点： 签约地点：
签约时间： 签约时间：

附件：家具设备清单

设施	项目	现状		品牌	数量	备注
		有	无			
门窗	大门					
	纱门					
	窗					
	窗帘					
墙面						
地坪	地毯					
	地砖					
	地板					
浴厕	浴缸					
	淋浴器					
	抽水马桶					
厨具	炉台					
	煤气灶					
	抽油烟机					
	微波炉					
电器	电视机					
	空调					
	电风扇					
	电话					
	冰箱					
	洗衣机					

续 表

设施	项目	现状		品牌	数量	备注
		有	无			
设备	床					
	沙发					
	橱柜					
	餐桌椅					
其他设施						

双方对上述设备确认无误，特签字确认。

甲方签字：　　　　　　　　　　　　乙方签字：

时间：　　　　　　　　　　　　　　时间：

三 放弃优先购买权承诺书

放弃优先购买权承诺书

本人_____是位于上海市_____区_____路_____弄_____号_____室房屋（以下简称“该房地产”）的承租人。该房地产的产权人已通知本人其拟将该房地产出售，并已征求本人的意见；对于产权人出售该房地产，本人自愿做如下声明：

1. 产权人出售上述房地产的情况，本人已知晓。

2. 对于该房地产，本人承诺放弃优先购买权。

3. 对于该房地产的租赁关系本人愿意下列按第________处理。

（1）本人愿意于_____年_____月_____日搬出该房屋，不影响该房地产交易及过户。

（2）本人愿意配合办理与该房地产相关的产权过户、交房、及租赁合同主体变更等。

以上声明是本人自愿做出的，对于因此所产生的相应后果本人愿意承担相应责任。

声明人：____________

身份证明号：__________

日期：______________

四 房地产租赁交接书

房地产租赁交接书

甲方：

乙方：

甲、乙双方于____年____月____日就____区____路____弄____支弄____号____室以及____车位之房地产（以下简称该房地产）交付验收事宜确认如下：

1. 根据双方于____年____月____日所签订的租赁合同的规定，甲方已将该房地产及家具清单所列之附属设施，设备交付乙方。经乙方验收后，认为甲方的交付行为完全符合约定的交付时间、条件及标准，乙方同意接受。

2. 甲方确认乙方已按租赁合同规定的时间及金额支付了相应的保证金计人民币元整及第一期租金计人民币______________元整。

3. 其他相关费用确认情况如下：

A. 管理费：　　B. 电话费：

C. 水费：　　D. 电费：

E. 煤气费：　　F. 卫视费：

G. 其他费用：

4. 双方约定的其他事项：

____

____

5. 本协议一式两份，甲、乙双方各执一份。

甲方：　　　　　　　　　　　乙方：

日期：　　　　　　　　　　　日期：

第七章

中介管理缺乏统一规范——

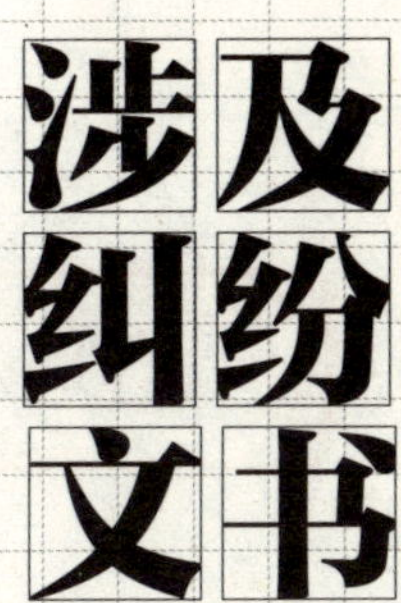

目前，对房产中介服务进行规范的法律法规已经明显滞后于房产中介业的发展，房产中介法律纠纷不断。完善房产中介服务法律体系、研究建立房产中介纠纷处理机制势在必行。

活跃·推动·法制不健全

房地产市场空前活跃，房地产中介服务机构不断涌现。一方面，中介机构对繁荣房地产市场、带动相关产业发展起到了积极的推动作用；另一方面，由于法制不健全，房地产中介市场混乱带来的诸多问题也不容忽视。

一 房地产中介三大典型纠纷

二手房交易活动作为房产中介专业性最强的服务之一，涉及的法律纠纷最多，影响也最为广泛。主要常见的纠纷有以下三种。

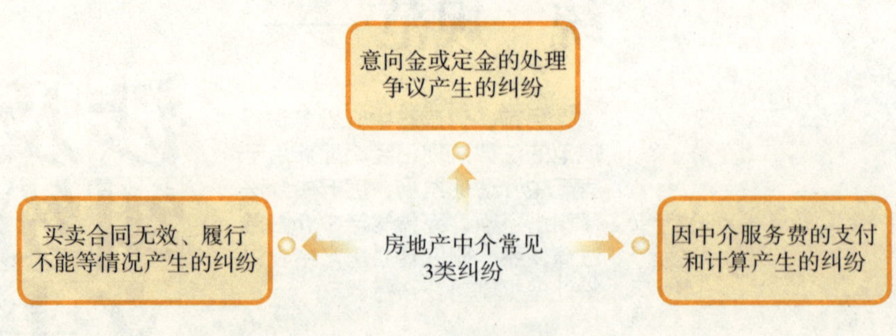

房地产中介常见3类纠纷

1 因房屋买卖合同无效、履行不能等情况产生的纠纷

这类纠纷主要因房屋买卖双方主体不合格或合同标的物房屋瑕疵引起。常见情况有房屋的产权共有人未经其他共有人同意私自出卖房屋；职工不告知单位便把单位拥有产权的公房出售；房屋被列入拆迁范围等，导致房屋买卖合同的无效、无法交付履行或无法办理过户手续等法律后果，从而引发第三人或购买人将出卖人起诉至法院，并往往以中介公司存在过错为由要求其承担赔偿责任。

2 因意向金或定金的处理争议产生的纠纷

房产中介公司为了提高成交率，往往要求买受人向中介公司支付一定数额的意向金。同时，房屋出卖人在签订正式买卖合同前，也往往要求购买人支付一定数额的意向金或定金，但若买卖双方有一方反悔，或就房屋的价格、支付方式、按揭、交易税费的承担等无法达成一致，意向金或定金的退还问题就有可能成为三方争执的焦点。

3 因中介服务费的支付和计算产生的纠纷

中介服务费用包括居间报酬（也称交易佣金）和必要的居间费用。获取中介服务费是房地产中介公司存在和发展的根本目的。一套房屋买卖成功需要经历寻找合适房源、明确初步成交意向、订立买卖合同等诸多环节。任何一环出问题，都将导致整个交易的失败。交易一旦失败，中介服务费的支付和计算将不可避免地成为法律纠纷。常见纠纷主要有因买卖双方私下交易（俗称“跳单”）产生的中介服务费纠纷；买卖双方一方中途退出引起的中介服务费支付和计算纠纷；买卖双方议价不成，引起的中介费要不要承担，谁来承担，承担多少的纠纷。

二 探究房产中介纠纷频繁的三大原因

原因1：规范房地产中介的法律法规滞后

目前对房产中介服务进行规范的法律法规已经明显滞后于房产中介业的发展，许多新出现的问题难以找到确切的解决依据。尤其是法律以及高级别的法规相当匮乏，而且规定过于笼统原则，缺乏可操作性，许多方面法律关系的调整还难以涵盖。

如现有的城市房地产管理法，虽然从法律上界定了房产中介行业的商业性质，但是该法除对房产中介机构的设置进行规范外，并没有将房产中介服务行为置于平等主体之间的民商法的调整范围之下。至于中介机构的权利、义务、责任等，城市房地产管理法更是没有涉及。近年来，建设部修改出台的《城市房地产中介服务管理规定》出台的一系列关于房产中介的规范性文件，虽然对规范房产中介服务市场起到作用，但这些规范性文件具有浓厚的行政色彩，且有些不具有严格意义上的法律效力，都只是从行政上管理规范房地产中介活动。民法通则和合同法可以解决房产中介合同纠纷的许多问题，但对居间合同的规定条款却十分有限，难以应对日趋复杂的房产中介纠纷案件。

原因2：房产中介机构的居间人法律地位不明显

房产中介机构是以中间人身份，通过订立居间合同，向委托人报告订立房屋买卖合同的机会或者提供订立房屋买卖合同的媒介服务，委托人支付报酬而成立的公司。房产中介公司的法律地位应属于居间人，其行为范围仅在于买卖双方间报告订立合同的机会、提供媒介服务，不应包括授权代订合同等代理行为。但事实上，中介公司基本上都提供了包括房屋权属调查、使用状况调查、确定成交意向、协助订立买卖合同、办理价款交割（大多情况下包括按揭贷款）、见证房屋物业交割、代缴税费、代办房屋产权过户手续等十余项服务。

许多中介公司自己制定的代理合同实际上是混淆了居间和代理的概念，为中介服务纠纷埋下了隐患。这种情况实际上侵犯了消费者的权利，又加重了中介公司的法律责任。一方面，房产中介公司把代理行为强加在中介合同中，违背了合同自愿的原则，实质上是强制授权代理行为，消费者被剥夺了参与合同谈判的权利，损害消费者的合法权益。另一方面，如果运作不当，容易造成双方代理的尴尬局面，会导致行为的无效，给自己甚至给买卖双方带来损失，无形中增加了自身的执业风险。

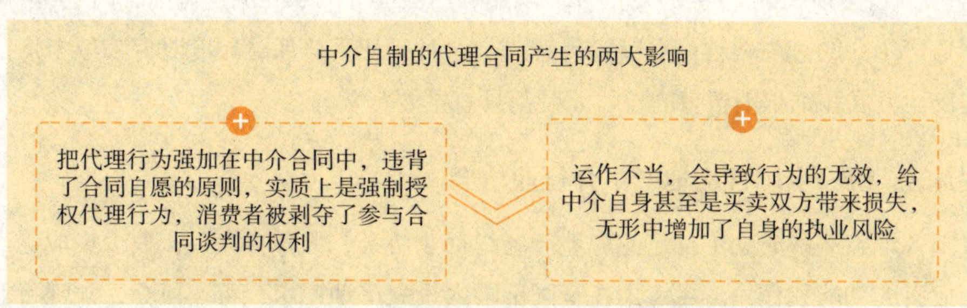

中介自制代理合同产生的影响

原因3：房产中介机构对与自身相关的法律关系重视不够

首先，对与客户之间的合同法律关系重视不够，没有严格把握好与客户之间的居间合同关系，造成客户“跳单”现象比较多，严重影响了中介公司的生存和发展。其次，对与员工的法律关系重视不够，没有完善的保密协议和竞业禁止协议，甚至连起码的劳动合同都没有。信息是房产中介公司的生命线，特别是在商业秘密保护和竞业禁止方面，只有设置合法、有效的劳动合同条款，制定切实可行的规章制度，才能避免公司员工恶意跳槽或“飞单”，减少利益损失。最后，对外部的维权重视不够，面对“截单”等不正当竞争现象和同行之间的恶性竞争束手无策。其实，房产中介机构完全可以通过加强行业公约建设，运用反不正当竞争法等法律来制止同行的各种不当竞争行为。

解决房地产中介纠纷过频建立两大措施

从全国范围来看，完善房地产中介服务法律体系、研究建立房地产中介纠纷处理机制、建立房地产中介从业人员的继续教育培训制度等工作的进一步开展，将逐步减少房产中介纠纷。

措施1：探索建立房地产中介机构行业责任保险制度

随着国内房地产价格的持续走高，一套房屋少则几十万元，多则几百万元。而某些房

产中介公司的注册资金仅有十几万元，一旦房产中介公司因过失涉及赔偿，往往难以承受，可能引起连锁反应，导致法律纠纷，影响社会稳定。如果能够引入行业责任保险制度，则房产中介的过失赔偿问题就容易解决。这种行业责任保险制度对保障整个房产中介行业的良性发展和维护消费者的权益无疑都具有重要意义。

措施2：统一全国性房地产中介行业协会

我国各地虽然都成立了自己的房地产经纪行业协会，但各自为政，缺少集成，没有发挥协会应有的功能和作用。可考虑在全国范围内设立房地产中介行业协会，加强行业协会的功能和作用，并提出正规化执业的具体要求，包括职业界定、业务范围、市场准入、培训、考试、考核、执业、再教育、运作方式、程序、行规行约、合同、收费等方面的规定。行业协会还可配合政府有关部门对不正当中介行为进行监督处理，对当事人的投诉进行调处等。

地产中介百宝箱

一 签约催告函

签约催告函

尊敬的______先生/女士：您好

我们是××房地产经纪公司，谢谢您对我们公司长久以来的支持和爱护，并于______年____月____日与我公司签订了出售上海市____区____路____弄 ____号____室房屋的房地产居间合同，对此，我们深表感谢。

我们已经找到您要求的客户，达到您与我们公司签订的居间合同中的相关条件，且已于_____年_____月_____日通知您于_____年_____月_____日前往我公司签订上海市房地产买卖合同，但当日您并未前来。对此，我们深表遗憾。

现再次邀请您于_____年_____月_____日_____时_____分前往我公司总部签订上海市房地产买卖合同，希望您能准时到达。否则根据您与我们公司签订的房地产居间合同之规定，您未依我公司通知后3天内前往我公司签订正式房地产买卖合同，您必须支付我公司您委托价格总额的1%作为违约金/劳务费。

敬请回复！

××房地产经纪公司

年　月　日

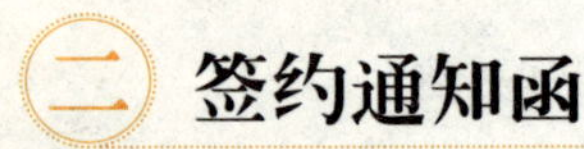

二 签约通知函

签约通知函

尊敬的_____先生/女士：您好！

我们是××房地产经纪公司，谢谢您对我们公司长期以来的支持和信任，并于_____年_____月_____日与我公司签订了出售/购买上海市_____区_____路_____弄_____号_____室房屋的房地产居间合同，对此，我们深表感谢。

在此，我们要恭喜您，我们已经找到符合您要求的客户，达到您与我们公司签订的居间合同中的相关条件，根据该居间合同约定，我们特通知您于_____年_____月_____日至我公司总部签约中心签订上海市房地产买卖合同。

请您携带以下证件前来：

1. 房地产权证原件
2. 上手买卖合同原件
3. 上手购房发票原件
4. 上述购房契税凭证原件
5. 身份证原件（未成年人提供独生子女证或出生证明复印件）
6. 委托公证书/见证书原件

7. 签约定金

签约地址：______________________

联系人：________________________

电话：__________________________

××房地产经纪公司

年 月 日

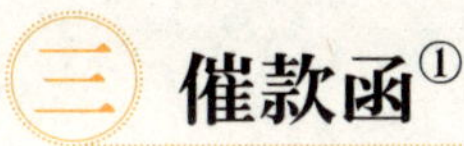

三 催款函[①]

1 催款函一[②]

尊敬的____先生/女士：您好！

我们是××房地产经纪公司，恭喜您已于____年____月____日在我公司与____先生/女士签订了上海市房地产买卖合同，让我们成功完成了居间合同中所规定的居间义务。

根据您与我公司签订的房地产居间合同中的有关内容，您应于签订房地产买卖合同当日支付予我公司中介服务费人民币_____元，但我公司至今尚未收到该笔款项。故现以书面形式通知您，请您于____年____月____日前将该笔款项支付到我公司财务部。

若在此期限内我公司仍未收到该笔款项，我们将会通过诉讼途径解决，为此所产生的一切法律后果将由您承担。

敬请回复！

××房地产经纪公司

年 月 日

① 本函适用于针对催缴佣金时使用的情况版本。

② 本函适用于针对催缴佣金时房屋买卖合同已经签订的情况下使用的版本。

2 催款函二[①]

（1）催款函之一[②]

尊敬的____先生/女士：您好！

我们是您上海市_______房屋的原房东，根据您与我们签订的房地产买卖合同以及相关补充条款中的有关内容，您应于____年____月____日前支付给我们最后的房款人民币____元整，但我们至今尚未收到该笔款项，且多次电话通知您，您仍然不能妥善解决。故现以书面形式通知您，请您于____年____月____日前将该笔款项支付到我们的账户。

若在此期限内我们仍未收到该笔款项，我们将会通过诉讼途径解决，为此所产生的一切法律后果将由您承担。

敬请回复！

年　月　日

（2）催款函之二[③]

尊敬的____ 先生/女士：您好

我们是××不动产，谢谢您对我们公司长久以来的支持和爱护，并于____年____月____日通过我公司居间服务签订了购买上海市浦东新区__________室房屋的房屋买卖合同，对此，我们深表感谢。

根据您签订的买卖合同中的相关约定，您应于____年____月____日前支付房东方人民币_____元整，但至今我们以及房东仍未收到您的该笔房款，为此我们多次通知您付款，可您一直没有回音。

现再次书面通知您于____年____月____日前支付房东方人民币____元整，且提醒您根据您所签订的买卖合同中第____条的约定您每逾期一天，应支付房东方违约金（违约金为乙方未付款的万分之三），逾期超过15天，则房东方可单方解除协议，且您应支付购房总

---

① 本函适用于针对催缴房款的情况下使用版本。

② 本函适用于针对房东催款的情况下使用的版本。

③ 本函适用于针对中介公司催缴房款时使用的版本。

房款的20%作违约金。

希望您能尽早支付应付的房款以免发生不必要的纠纷。

特此通知

公司地址：

联系人：

电话：

上海××房地产经纪事务所

年　月　日

四 房屋买卖合同解约协议

解约协议

甲方（出售方）：

身份证号：

乙方（买受方）：

身份证号：

丙方（中介方）：

甲乙双方就解除________________房地产买卖合同达成以下协议：

1. 双方同意解除于____年____月___日签订的关于上述房地产买卖合同，合同编号：________。

2. 甲方于___年___月___日前返还乙方已支付的房款人民币____元整，如该笔房款现存于中介方，则甲方同意中介方将该笔房款返还乙方。

3. 违约责任承担，甲、乙双方按___方式办理：

A. 甲、乙双方互不承担违约责任。

B. 因___方违约造成对方损失，经双方协商，___方支付违约金人民币______元整，作为赔偿。

4. 因_____方违约，导致甲、乙双方解除上述房地产买卖合同，甲、乙双方按居间合同应支付丙方服务费___人民币元，由甲方承担___元，由乙方承担___元。

5. 若甲、乙双方解除上述房地产买卖合同后，又私下成交，则甲、乙双方仍须按与丙方签订的居间合同承担服务报酬。

6. 任何一方未按本解约协议履行，守约方有权根据本协议追究违约方违约责任。

7. 本协议一式三份，甲、乙双方及中介方各执一份。

甲方（签字/盖章）　　　　　　乙方（签字/盖章）
联系电话：　　　　　　　　　　联系电话：
联系地址：　　　　　　　　　　联系地址：
日期：　　　　　　　　　　　　日期：

丙方（中介方）：
日期：

五 追讨佣金起诉状

起诉状范本①

原告：上海××房地产经纪事务所，负责人：____，营业地址：________________。

被告：____，____年____月____日生，汉，联系地址：________________________。

---

① 本起诉状适用于针对中介公司起诉追讨佣金时使用的版本。

诉讼请求：

1. 请求法院判决被告支付佣金人民币________元整。

2. 请求法院判决被告支付自其签订房屋买卖合同之日至其实际支付佣金之日的逾期滞纳金（暂从____年____月____日计算到____年____月____日，每日按未付佣金的____即人民币____元计算，共计____天，即共计人民币____元整）。

3. 请求法院判决被告承担本案诉讼费。

事实和理由：

____年____月____日，被告在原告的居间介绍下，看中了原告介绍的上海市____区____路_____弄_____号_____室房屋，在原告的居间下，被告与该房屋房东在原告处签署了买卖定金协议，确认了购买房屋的交易条款和相关细节。且被告给原告签署了佣金确认书。但后来被告说不买了。事后，经原告调查发现，被告与该房屋原房东私下成交，并办理了产权过户，跳过中介交易了。为保障合法利益，保障诚实信用交易，特向法院提起诉讼，请求法院判决被告尊重原告已经付出的劳动，支付原告人民币_____元整的佣金，并判决被告按双方约定支付原告自其签订房屋买卖合同之日至其实际支付佣金之日的逾期滞纳金（每日按未付佣金的____即人民币____元计算）。

此致

××区人民法院

起诉人： 上海××房地产经纪事务所

法定代表人：

委托代理人：

年 月 日

第八章

获取质优价廉房源渠道——

在房地产市场经历“限购”“限贷”等多重打压下，开发商不得不想尽办法拓展销售渠道，而通过房地产中介完成客户积累成了时下不错的选择。

模式·委托销售·利益

目前房地产市场，开发商大多采取开发与销售分立的模式，即将自己投资建设的项目委托专业代理单位进行销售。为了保证项目销售进度和销售利益的最大化，制作一份详细严谨的销售代理合同，对于开发商而言，尤显重要。

一 房地产中介提升新房销售注入新动力

新房代理集结跨入中介门店，打破了原来“一楼一地”的传统销售模式，变为大街小巷的中介门店内“一店一楼”，这种现象被称之为被场外分销，指开发商通过中介门店帮助销售一手楼盘的营销方式。早在2005年，一些中介公司就开始涉足与开发商和代理商之间的联动。“场外”的概念，仅仅指的是开发商销售案场以外，而对于通过中介发生的物业买卖，既没有脱离开发商，也没有脱离正常的登记买卖手续。

一手楼盘销售一直以来是由开发商或者代理商一力承担的。由于过去整个市场处于供不应求的局面，购房者主动集中到一手楼盘的售楼处直接购买房产，现场购房能使购房者对房产有一个直观的认识。而当市场转为买方市场后，买家观望为主的态势使得开发商仅仅依靠一个售楼处等客户上门的销售方式已不合时宜，除了通过各种广告手段吸引客户以外，通过中介公司的门店网络和客户资源进行“场外分销”，也成为挖掘市场潜力的一种有效营销模式。对于开发商来说，销售一套房子付出一笔佣金，而且与中介商签订的分销协议一般不具备排他性，一家开发商完全可以同时签订许多分销商，只要楼盘销售业绩好。对中介商而言，扩大了自身的业务范围，增加了营业收入。

房产代理与中介市场的联姻，将在四个层面上产生一定影响。一是中介门店的“场外分销”打破了“一楼一地”的传统销售模式，拓展了一手房的直接目标客户群体；二是原先单一的“广告招客”凭借众多的中介门店直接快递，不仅为开发商减少广告投入，也为一手房纵身拓展打开渠道；三是目前二手房市场有望与新增供应持平，提升“开发与服务”的核心竞争；四是将一手房市场与中介市场联动，在“百姓价格”的市场监督下，有望使房价走上理性台阶。

借鉴中国香港模式，提早预防中介代理销售弊端

通过多家中介公司分销的方式已经不再是新鲜事物，各大品牌中介也在相应增加其一手代理销售的比重。房地产中介在二手房市场份额得到保证的情况下，希望能够在一二手联动业务上有所扩大，将一手代理份额占比提高。

一二手联动将是未来的主流营销手段，但其中依然存有弊端。一般做法是，在售楼处现场由开发商案场经理签署《客户确认书》，并登记在册，明确某客户与某中介的直接关联关系。当然，有一个特殊情况值得特别注意，即由于开发商登记时的审查疏忽造成某一客户或关联人（如本人、配偶、子女等）重复登记，则一般以登记在先的中介公司确认客户归属。

中国香港所采用的独家代理方式是值得借鉴的。所谓独家代理就是指开发商与一家中介机构建立合作关系，全权委托该中介进行项目销售，而中介行业内其他公司需要分销该楼盘时，均须与其选定的独家代理公司合作。此种做法在解决客源问题的同时也将大幅度减少开发商的工作量。

地产中介百宝箱

一 房地产中介代理销售公司

中介代理销售合同

甲方：

乙方：上海××房地产经纪有限公司

甲、乙双方在平等、自愿、协商一致的基础上，就乙方向甲方代理销售的______项目（以下简称该项目）提供销售中介服务达成以下协议：

一、项目情况

1. 物业地址：____。

2. 物业类别：__________（别墅、写字楼、公寓、住宅、商铺）。

3. 物业建筑面积：__________详见附件(一)。

4.其他：__________无。

二、协议履行期限

1. 本协议有效期限自___年___月___日___起至___年___月___日止。

2. 出售范围和出售价格由甲方确定，乙方可视市场情况征得甲方认可后，有权灵活浮动。甲方提供的销售价目表见本合同附件(一)。

三、甲方的责任

甲方应在签订本合同后两日内向乙方提供齐全下列资料：

1. 甲方营业执照副本复印件。

2. 新开发建设项目，甲方应提供政府有关部门对开发建设该项目批准的有关证照（包括但不限于：国有土地使用权证书、建设用地批准证书和规划许可证、建设工程规划许可证和开工证）和销售该项目的商品房销售证书、外销商品房预售许可证、外销商品房销售许可证。

二手房地产，甲方应提供房屋所有权证书、国有土地使用权证书、房屋权利人证件复印件。

3. 关于代售的项目所需的有关资料，包括：外形图、平面图、地理位置图、室内设备、建设标准、电器配备、楼层高度、面积、规格、价格、其他费用的估算等。

（1）若客户购买的该项目之物业的实际情况与甲方提供的材料不符合或产权不清，而导致纠纷的，所发生的违约责任均由甲方承担。

（2）甲方需提供详尽的该项目销售及相关资料，乙方业务人员在对外进行客户宣传时，应依据甲方提供之资料作如实介绍，不得掺入虚假信息。在本合同存续期间，甲方应积极配合乙方的销售工作，负责对乙方之客户讲解代理房产的相关信息并有义务协助乙方与客户谈判，并保证乙方客户所订的房号不发生误打。

（3）乙方所属工作人员带客户至售楼处看房时，甲方案场销售经理或甲方指定之联系人________需为其签署《客户确认书》，确认该客户为乙方所介绍之客户，之后甲方负责办理有关销售合同的签订及款项的收取等附属手续，并为乙方员工签署《佣金确认书》。

（4）甲方需按本合同的规定期限及支付方式向乙方支付佣金。

（5）乙方在本协议约定的期限内以甲方名义对外销售本协议项下的商品房，并按本协议约定获得服务费。

四、乙方的责任

1. 充分利用自有客户网络资源，通过各种途径，让有购买意向的客户及时了解本项目的有关信息；乙方在销售过程中，应根据甲方提供的该项目的特性和状况向客户作如实介绍，不得夸大、隐瞒或过度承诺。

2. 在甲方的协助下，安排客户实地考察并介绍项目环境及情况。

3. 乙方应信守甲方所规定的销售价格，非经甲方的授权，不得擅自给客户任何形式的折扣。在客户同意购买时，乙方应按甲乙双方确定的付款方式向客户收款。若遇特殊情况（如客户一次性购买多个单位），乙方应告之甲方，作个案协商处理。

五、佣金及销售利润的结算

1. 乙方的佣金和服务费用：

（1）乙方的代理佣金为所售项目价目表成交额的____%。

（2）乙方实际销售价格超出甲方提供之销售基价部分，甲乙双方协商分成。

（3）如乙方提供之客户在与甲方签订买卖合同/预售合同后发生违约情况时，依据买卖合同/预售合同约定而由甲方没收之定金的，该定金由甲、乙双方五五比例作为销售利润分享。

2. 甲方向乙方支付佣金及销售利润的时间为：甲方应在收到全部房款后__________天内将代理佣金全部支付乙方，同时乙方在收到甲方支付的代理佣金后应开具发票。

3. 支付方式为：现金或有效的银行转账/票据方式

乙方账号：____

六、违约责任

甲方未按约定向乙方支付佣金的，按照应付佣金的日千分之五向乙方支付滞纳金至实际支付之日止。如逾期超过十天，则每逾期一日向乙方支付应付佣金的百分之一作为违约金至实际支付之日止。

七、甲、乙双方经协商后可提前终止本协议。如本协议履行期满或提前终止后，甲方与其确认过的乙方提供之客户成交的，仍应按照本协议的标准向乙方支付佣金。

八、在协议履行过程中，甲乙双方如对本协议的履行有争议的，甲、乙应协商解决，协商不成的可向属地法院提起诉讼。

九、本协议一式两份，甲、乙双方各执一份，经双方签字且盖章后生效。

甲方：________	乙方：上海××房地产经纪有限公司
代表人：________	代表人：________
地址：________	地址：________
电话：________	电话：________
传真：________	传真：________
日期：________	日期：________

房地产分销合作协议

房地产分销合作协议书

甲方：

乙方：

甲、乙双方经友好协商，乙方作为甲方的分销商，并积极开拓市场，充分整合双方的信息资源，特就由乙方中介介绍客户购买____房屋的相关事宜达成以下协议：

一、双方同意合作方式：甲方提供有效房源，乙方介绍诚意客户，共同促成交易。

二、乙方可以向外刊登或表述相关广告或类似广告等介绍以推销该楼盘，费用由甲方承担，具体每套房屋的广告费用为甲方出售该房屋的总价的百分之一（1%）。

三、乙方中介的客户成交（以签订协议或合同并实际支付全部款项为准）后，甲方应自合同签订后____日内支付乙方相关广告费用。乙方开具正式发票给予甲方即可。

四、本次合作期限自本协议签订之日起至____年____月____日结束。

五、信息交流：甲方同意于每月____日及____日前向乙方提供当前可售的具体房源信息，形式以传真或其他书面形式。

六、双方权利义务如下：

1. 甲方确保其代理销售的______楼盘各项手续均符合国家法律法规的规定，具备销售条件，如因甲方上述原因发生纠纷或诉讼而产生的一切后果概由甲方负责。

2. 甲方同意乙方可以以甲方合作伙伴的名义联系客户进行销售，交易中需要提供的有关资料、凭证甲方需配合提供。

3. 乙方介绍客户以实际成交为准，甲方同意对乙方介绍的客户出具相关证明文件以兹证明。

4. 乙方如有客户有交易意向，应将该客户基本资料于看房前半小时内书面传真通知甲方联系看房，甲方应积极配合。客户一经带看房屋，由甲乙双方共同签署《看房确认书》，明确带看房屋位置、带看时间、价格及客户确认等，该《看房确认书》乙方需执一份，即便乙方有关人员未能实际到场。

5. 一旦乙方介绍客户成交（以签订协议或合同为准），有关交易流程由甲方负责办理。

6. 甲方指定______为联系人，联系方式：______，若需变更，应书面通知乙方；乙方指定 ______为联系人，联系方式：________，若需变更，应书面通知甲方。合作中，联系人可就信息交流、看房确认事宜代表各自公司签署有效书面凭证，一经签署，各自公司即视为确认，但联系人就上述事宜之外作出任何意思表示均不得适用于各自公司。

7. 乙方客户须接受甲方所指定的相关服务，包括银行、公证、保险公司等，故乙方在与甲方合作过程中必须遵守其所提供的相关银行、公证、保险公司等。

8. 甲方承诺在本协议合作期及合作期满后2个月内不得通过任何方式、途径跳过乙方与乙方介绍的客户联系成交，否则亦视为乙方中介成交，甲方仍应按本协议约定支付乙方广告费用。甲方确认本条乙方介绍客户仅为看房确认单上的指定客户。

9. 在本协议合作期限内，双方不得未经对方同意而将本合同一切权利义务转让他人。

七、违约责任：若甲方违反本协议第六条9款约定即为违约，违约方须支付守约方双倍广告费用作为赔偿。

八、若需对本协议进行修改或变更的，须经双方书面同意。

九、本协议一式二份，甲、乙双方各执一份，经各方代表签字、盖章后生效。

甲　方：　　　　　　　　　　乙　方：

联系地址：　　　　　　　　　联系地址：

联系电话：　　　　　　　　　　　　联系电话：

签　字：　　　　　　　　　　　　　签　字：

日期：　　　　　　　　　　　　　　日期：

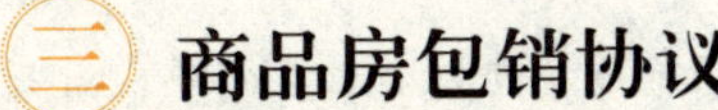

三 商品房包销协议

商品房包销协议

本协议由以下双方于___年___月___日签署：

甲方：

乙方：

甲乙双方在平等、互利的基础上，经充分、友好协商，就甲方委托乙方包销甲方开发的____________项目的部分商品房事宜达成并签署本协议。

第一节　项目概况

1. 该项目房地坐落上海市______________________，甲方享有项目的国有土地使用权和开发权。

2. 甲方作为开发商，已于___年___月___日取得《上海市房地产权证》[沪房地___号]。

3. 该地块规划用途__________。

第二条 合作方式和范围

1. 甲方指定乙方为上述项目部分商品房的包销商。乙方在本协议约定的包销期限内以甲方名义对外销售甲方开发的本协议项下的商品房，并按本协议约定获得包销服务费。

2. 乙方包销商品房的范围为______________，其具体范围和位置详见本协议附件之“平面图”。

3. 乙方包销范围内商品房的总建筑面积约为_____平方米（最终以政府部门实测的建筑面积为准）。

4. 甲方委托乙方对以上项目进行商业定位、招商、全程策划。

第三条 销售底价

1. 甲、乙双方确定，本协议项下包销范围内商品房销售的平均底价为每平方米建筑面积人民币______元。

2. 乙方可根据本协议第3.1条约定的平均底价上下各浮动_____%，并确保最终销售均价为本协议第3.1条约定的平均底价为原则制作包销范围内商品房的单套底价，并由双方共同签署《商品房销售底价明细表》，作为本协议附件。

3. 乙方对外销售的销售单价如低于《商品房销售底价明细表》规定的单套底价，对于低于《商品房销售底价明细表》规定的单套底价部分以溢价部分予以补足。

4. 包销期限内，乙方对包销范围内的商品房享有房价的最终解释权。

5. 如因购房者是甲方的关系户，在甲方同意的情况下，如该户销售总价低于《商品房销售底价明细表》规定的单套底价，对于低于《商品房销售底价明细表》规定的单套底价部分，乙方不予溢价部分补足。

第四条 包销期限

1. 本协议约定的包销期限为甲方获得包销范围内商品房的预售许可证之日起至___年___月___日止，包销范围内商品房的全部预售许可证暂定为___年___月取得，如包销范围内商品房的全部预售许可证取得延期，本协议约定包销期限亦将随之顺延。

2. 在包销期限内，甲方不得再行指定其他任何第三方代理销售本协议项下的包销范围内的商品房，甲方亦不得自行销售上述商品房。

3. 在包销期限内，乙方有权再委托第三方代理销售本协议项下的包销范围内的商品房。

第五条 销售进度要求

1. 在包销范围内商品房获得预售许可证并以正式公开第一波NP稿出版之日后5个月内，乙方应完成包销范围内商品房____%销售率；在包销范围内商品房获得预售许可证并以正式公开第一波NP稿出版之日后____个月内，乙方应完成包销范围内商品房____%销售率；在包销范围内商品房获得预售许可证并以正式公开第一波NP稿出版之日后____个月内，乙方应完成包销范围内商品房___%销售率。

2. 本协议第5.1条所称“销售率”指已与购房者签署《预售合同》及购房确认单房屋的建筑面积之和占包销范围内商品房总建筑面积的百分比。

第六条 包销服务费结算及支付方式

1. 甲、乙双方同意并确认，本协议项下包销范围内商品房的销售价格超出《商品房销售底价明细表》规定的单套底价的溢价部分为乙方的包销服务费收入。

2. 乙方每签约一套，甲方对该户溢价部分甲方收到房款后5个工作日内及时进行包销服务费用结算予乙方，甲方在房款到账后5个工作日内（扣除乙方应承担的税费）后立即支付乙方。在甲方合理的销售成本之内，乙方可用发票形式冲抵部分溢价税费。

第七条 广告费用承担

1. 甲、乙双方同意并确认，双方按如下约定承担广告费用：

甲方承担之广告费用为人民币_____万元整。

2. 广告费用包括本项目销售中投入的媒体广告、报纸、杂志、楼书、售楼处的装饰、DM单制作、电视CF制作、CI形象识别系统设计、房展会展览费用、销售道具制作费用、建筑模型、彩色效果图、灯箱广告、看板、POP高炮、引导旗、横幅、围墙广告等相应的广告宣传活动。

3. 广告费用由乙方制订广告计划、预算表。甲乙双方同意确认后，甲方按乙方制定之媒体预算表准时支付；甲方有权随时监督、了解广告计划的执行情况。

第八条 保证金

1. 甲、乙双方同意并确认，为了确保本协议的履行，乙方应于本协议签署后两日内向甲方支付首期保证金人民币___万元整；第二期保证金另计人民币 ___万元整，于___个工作日内向甲方支付，共计人民币___万元整。

2. 合同期满届满或销售完毕后，甲方应返还乙方所支付保证金人民币___万元整。

第九条 签约和购房款的收取

甲乙双方在售楼处招商中心派驻专门财务人员，甲方负责包销期间《预售合同》的签署、盖章，收取购房款，并办理本协议项下应由甲方完成的其他相关手续。

第十条 甲方的权利和义务

1. 负责提供本协议项下商品房销售有关的文件和资料，并保证其真实、合法、有效（包括平面图、外立面图、地理位置图、室内设备、电器配备、楼层高度、每套房屋销售面积、分摊原则和系数、建材设备和装修标准、面积预测报告、土地使用权证、建设用地规划许可证、建设工程规划许可证、施工许可证和商品房预售许可证及营业执照复印件、授权书等）。

2. 按本协议约定承担广告费用，并且提供销售招商中心及办公接待设施。

3. 负责提供与购房者签署的《预售合同》标准文本、《购房确认书》及合同内容所需信息。

4. 负责《预售合同》的签署、盖章。

5. 负责购房款的收取。

6. 负责与按揭贷款银行的银企协议签订以及协调工作。

7. 积极配合乙方的销售以及招商工作，并授权乙方选择专业招商公司的介入。

8. 如甲方原因导致影响本协议下包销商品房无法正常销售时，甲方应向乙方支付按《商品房销售价目明细表》中总销售金额的百分之_____作为违约金。

第十一条 乙方的权利和义务

1. 及时向甲方提交商业定位策划、广告企划方案、销售方案、广告推广方案、招商方案、开盘方案、销售预案，供甲方审核。

2. 负责实施销售计划，完成销售、签约工作，协助收取购房款。

3. 负责售楼招商中的宣传设计、楼书、单页、平面设计以及广告宣传方案、广告创意、媒体选择以及广告效果分析评估。

4. 定期向甲方提供销售报表及反馈销售信息，制定促销方案。

5. 负责营销队伍的管理和培训，承担营销人员的工资、福利。

6. 负责联系按揭银行并协助甲方办理银行按揭贷款手续。

7. 乙方承诺，在销售过程中，应根据甲方提供的项目状况向客户作如实介绍，尽力促销，不得夸大、隐瞒或过度承诺。因乙方的不实宣传与承诺等行为造成甲方损失的，应由乙方承担赔偿责任。

8. 负责策划和实施各类推广活动（开盘典礼、营销推介会、展会推广、促销推广、招商推介等）。

9. 在乙方完成100%销售率时，乙方有权享有40年地下一层经营收益权。

第十二条 违约责任

1. 甲、乙双方确认，由于一方原因包括不限于消极不作或故意而导致本协议无法履行的，所有违约和赔偿责任均由违约一方承担。

2. 除本协议另有约定外，甲方未按本协议约定与乙方结算并支付包销服务费的，每延期一日，甲方应按未结算支付款项的千分之一承担违约金；如甲方逾期支付包销服务费三次，乙方有权单方面解除本协议，且甲方对乙方所造成的损失予以赔偿。

3. 在包销期限内，甲方未经乙方同意自行销售或委托第三方销售包销范围内商品房的，甲方应向乙方双倍返还保证金，且乙方有权单方面解除本合同。

4. 任何一方违约解除本协议的，除向对方赔偿实际损失外，违约方还应向守约方支付人民币3000万元的违约金。

第十三条 预案条款

在包销期限内，如遭受重大自然灾害或政府重大政策法规制约而形成不可逾越的市场抗力，甲、乙双方协商启动预案。

第十四条 其他条款

1. 任何一方应对本协议的内容及其涉及有关信息严格保密，不予披露或用于其他目的。

2. 甲、乙双方派专人组成联络小组，负责及时协调解决销售过程中出现的问题。定期召开联络小组例会，形成会议纪要供双方落实。如双方文件传达一周内无答复，视为默认。

3. 本协议任何条款的无效不应影响本协议其他条款的有效性。

4. 非乙方原因而客户退房的，乙方已收佣金不予退回；如甲方原因导致客户退房的，甲方仍需结算按该户佣金予乙方。

5. 甲方同意在策划版面条件许可的前提下，在对外宣传中刊登乙方为本项目独家销售代理公司的内容。

6. 对于甲乙双方派往本项目工作的业务相关人员，双方承诺不得于本合同期满后12个月内聘用对方的业务相关人员，否则聘用方至少应支付对方项目总销售金额的1.5%违约金予另一方。

7. 本协议未尽事宜，不得以口头方式进行修改或补充，只有经甲、乙双方协商并签署书面文件后方可修改或补充。本协议的任何补充文件应视为本协议不可分割的一部分，与本协议具有同等的法律效力。

8. 凡因本协议产生的或与本协议有关的任何争议，甲、乙双方应协商解决；协商不成的，任何一方可向上海市___区人民法院提起诉讼。

9. 本协议经甲、乙双方签字盖章且乙方支付保证金后生效。

10. 本协议一式四份，甲、乙双方各执两份。

甲方（盖章）： 乙方（盖章）：
法定代表人 法定代表人
或授权代表（签字） 或授权代表（签字）
签署日期： 签署日期：

四 项目策划咨询服务合同

项目策划咨询服务合同

委托方： （以下简称“甲方”）
地址：
受托方： （以下简称“乙方”）
地址：

根据《中华人民共和国合同法》及相关法律规定，甲、乙双方本着平等、自愿、公平和诚实信用的原则，经协商一致，就“_____”项目的咨询服务事宜，达成如下合同条款，以俟共同遵守：

第一条 项目概况

1. 项目名称：________项目（以下简称本案）。

2. 项目范围：项目位于_________。

3. 项目情况：目前为_________，实际建筑面积__________平方米。

第二条 服务内容

甲方委托乙方独家完成项目市调调研、市场定位及财务测算工作，将各部分的服务成果以书面方式提交给甲方，并以本合同第三条的约定经甲方认可。

第三条 服务成果确认

甲方指定_____为授权代表；乙方指定_____为授权代表。乙方代表必须将服务成果以书面方式提交甲方代表。如甲方代表在收到乙方提交的服务成果后15日内未提出任何书面修改意见，视作甲方已确认乙方提交的服务成果。

第四条 服务期限

1. 甲、乙双方约定本项目的委托代理期限：

本案服务周期为30个日历日，该服务周期始于双方签约后首付款到账次个工作日，服务周期结束以阶段成果移交为标志。

2. 工作进度：

第一阶段：初稿阶段。（从本案服务周期开始，至第25个日历日）

第二阶段：终稿阶段。（从本案服务周期的第26个工作日，至项目服务周期结束）

第五条 咨询服务费及支付方式

1. 咨询服务费

本项目咨询服务费总金额为人民币____万元（大写）元（￥____元）。

咨询服务费为闭口价，涵盖完成服务范围内所有工作所需或可能发生的一切费用，除本合同另有约定外，甲方无须另行向乙方支付任何其他费用。

2. 付款时间

甲方按如下时间支付乙方的咨询服务费：

（1）本合同签订后的五个工作日内支付____万元整（￥____元）。

（2）完成项目报告初稿并取得甲方认可后的五个工作日内，甲方支付乙方服务费____万元整（￥____元）。

（3）完成项目报告终稿，获得甲方认可后的五个工作日内，甲方将剩余服务费______万元整（￥____元）一次性支付给乙方。

3. 付款方式：

甲方可以银行转账方式向乙方支付上述全部款项。乙方指定的收款账户为：

户 名：

开户行：

账 号：

第六条 甲方权利和义务

1. 甲方应在本合同生效后及时向乙方提供开展工作所必需的背景资料和相关的文件等，并保证其真实性及合法性。

2. 甲方应向乙方阐述对本项目及具体问题的意见、提供必要工作配合。

3. 甲方应按本合同第五条的约定，按时支付乙方咨询服务费。

4. 如因甲方原因致使本合同不能履行时，甲方应支付乙方已完成工作阶段的服务费。

5. 甲方应积极协调各有关单位与乙方的工作,甲方应指定专人负责协调各有关方面的工作，并根据乙方要求提供相应的工作协助。

6. 甲方有权对阶段性成果提出自己的修改意见,乙方应根据甲方的修改意见修改其作为阶段性服务成果的书面文件和资料。

7. 若甲方就委托项目内容、期限做出原则性、根本性的改变策略，应及时通知乙方，并采取适当措施，便于乙方及时调整相应工作。

第七条 乙方权利和义务

1. 乙方应据约完成合同约定的工作内容，按本合同约定的进度保质保量的提交各阶段的咨询服务成果，各项成果须符合项目的实际需要，并且具有可实施性。

2. 乙方应成立由专业人员组成的项目小组，并向甲方提交组成人员名单（详见附件二）；乙方确保项目组成员及负责人资历真实可信，无任何虚假成分；在本合同有效期间，除非得到甲方同意，乙方不得变更项目负责人。

3. 按甲方提出的修改要求进一步完善策划方案报告。

4. 乙方应于合同签订之日起3日内，将本项目开展的工作进度计划提交给甲方。进度计划内容包括（但不限于）：各阶段工作内容、主要负责人和工作成员名单以及需要甲方协助或协调的相关事宜等。

5. 乙方应积极主动配合甲方和相关协作单位的各项工作。

6. 乙方应根据甲方的要求参加相关的定期沟通会议及其他有关会议，按甲方要求在会议上发表专业意见、汇报情况、作出解释等。

第八条 保密条款

1. 在甲方确认采用方案之前，乙方应对其所有负责指导撰写、设计的文字、图案、创意等阶段性工作成果承担保密责任，未经甲方同意不得将其用于其他公司相关行业的营销策划中。

2. 由乙方负责指导撰写、设计的文字、图案、创意等，在经甲方确认予以采用始，该文字、图案等的著作权（包括持有、使用、处分、收益权及其衍生权利）均归甲方享有。未经甲方同意乙方不得将其用于其他公司相关行业的营销策划过程中。乙方应对此承担保密义务。

3. 乙方应对甲方向乙方提供的所有文件资料承担保密义务。

4. 乙方应对其参与的甲方的招标工作中了解到的相关文件资料承担保密责任。

第九条 合同生效、变更和终止

1. 本合同自双方签字盖章之日起生效。

2. 凡发生下列情况之一者，本合同可以变更：

（1）甲、乙双方协商同意并签订书面补充协议的。

（2）由于不可抗力致使本合同的部分义务不能履行的。

3. 本合同所涉及工作项目，若有增加或修改，双方协商解决并签订补充协议；补充协议作为本合同的附件，成为本合同不可分割的组成部分。

4. 本合同自生效之日起，非经双方书面同意，任何一方不得擅自更改或在不符合本合同约定的情况下解除合同。

第十条 违约条款

1. 为配合乙方工作展开，甲方应及时提供项目基本数据、施工进度等相关资料，以利工作展开，如因甲方未能及时提供相关资料致使乙方履行迟延或合同不能履行时，甲方仍应据约支付给乙方经甲方确认已完成部分服务费。

2. 如在服务过程中，对于每阶段工作内容及成果认定出现差异，甲乙双方代表就进度调整做出意见，甲方有权否定。如出现三次以上疑义，则甲方有权解除合同，并不再支付乙方后续服务费用。

3. 如乙方未能遵守本合同第九条约定的保密义务，甲方有权解除合同；乙方应立即停止违约行为并承担违约责任，返还甲方已付的服务费，并向甲方支付违约金，违约金金额为合同金额的____%。

4. 若甲方未能按照本合同约定的期限支付乙方咨询服务费的，每逾期一天甲方按应付款项金额的千分之一向乙方支付违约金；若逾期超过30天甲方仍未付款的，乙方有权单方面解除合同，甲方除应支付乙方应付未付款项外，还应以应付款项金额的______%向乙方支付违约金。

第十一条 送达方式

1. 本合同双方以传真、电子邮件互相发送通知、请求、要求的，若通知内容涉及双方权利义务的发生、变更、消灭或其他情形下事属重大的，发件方应立即补发书面信件以确保对方收悉。在此种情况下，通知以书面信件收到时收悉。

2. 本合同以下所列通信方式即为各方的收件地址。如双方地址、通信方式有变更，应及时通知对方，若无相反通知，送达以下地址即为本合同项下之有效送达。

委 托 方：

联系电话：

传　　真：

联系地址：

邮政编码：

授权代表：

受 托 方：

联系电话：

传　　真：

联系地址：

邮政编码：

授权代表：

除上条所述情形外，以传真或电子邮件方式发送的通知书，应视为收件方已于发送当日后的第一个工作日收悉。

第十二条　不可抗力

1. 甲、乙双方因下列情况不能履行其责任与义务时，则履行本协议的时间应予延长，任何一方无须对延误所引起的损失或损害负赔偿责任。

2. 国家法律规定发生重大变更。

3. 自然灾害、战争、动乱等不可抗力因素。

4. 若发生上述情况，受阻方应就不可抗力的发生在尽可能最短的时间内通知另一方，双方应尽快进行友好协商，尽量避免损失的产生。

第十三条　争议解决

1. 本合同的订立、效力、解释、履行和争议的解决均适用中华人民共和国的法律。

2. 凡因执行本合同所发生的或与本合同有关的一切争议，双方应通过友好协商解决；若协商不成，双方约定根据中华人民共和国有关法律规定向本案所在地的人民法院提起诉讼。

第十四条 其他约定

1. 本合同以下附件，作为合同不可分割部分，具有与本合同同等的法律效力：

附件一：咨询服务内容（略）

附件二：咨询服务人员名单（略）

2. 本合同一式四份，双方各执两份，同等有效。

3. 本合同如有其他未尽事宜，甲乙双方可以另行协商签订补充协议，补充协议可作为本合同附件，与本合同具有同等法律效力。补充协议与本合同发生冲突时，以补充协议为准。

甲方：（盖章）
法定代表人或授权代表（签字）：

签署日期： 年 月 日

乙方：（盖章）
法定代表人或授权代表（签字）：

签署日期： 年 月 日